UN PENSAMIENTO PARA CADA DÍA/24
Colección dirigida por José A. Martínez Puche, O.P.

366 textos de Beato Juan Pablo II

Selección de textos:
JUAN GIL AGUILAR, O.Carm.

EDIBESA
Madre de Dios, 35 bis
Tel.: 91 345 19 92 - Fax: 91 350 50 99
E-mail: edibesa@planalfa.es
www.edibesa.com
28016 MADRID

Colección:
«UN PENSAMIENTO PARA CADA DÍA», n.º 24 (18724)

© EDIBESA
 Madre de Dios, 35 bis
 28016 MADRID
 Teléfono: 91 345 19 92 - Fax: 91 350 50 99
 edibesa@planalfa.es
 www.edibesa.com

 ISBN: 978-84-8407-958-3
 Depósito legal: M. 15.157-2011

 Impreso en España - Printed in Spain
 Por: Impresos y Revistas, S. A. (Grupo IMPRESA)

INTRODUCCIÓN

Reducir a tres o cuatro páginas de bolsillo la semblanza de Juan Pablo II el Grande es un atentado a la enorme personalidad del Papa que sucedió a Pedro desde el tercer tercio del siglo XX y final del segundo milenio hasta los primeros años del tercer milenio. Su palabra, su figura, su testimonio, su cercanía, sus viajes a todo el mundo, sus encíclicas, sus gestos no caben en tan poco espacio. Me conformaré trazar unas pinceladas.

Nacido el 18 de mayo de 1929 en Wadovice, cerca de Cracovia, **Karol Wojtyla** quedó huérfano de madre a los 9 años. A los 18 años marchó con su padre a Cracovia, donde compaginó su estudios en la Facultad de Letras con el teatro, hasta que Polonia fue invadida por Hitler en 1939 y tuvo que trabajar con pico y pala. En 1946, después de años de estudios eclesiásticos en la clandestinidad, recibió la ordenación sacerdotal. Para ampliar estudios se eligió la Pontificia Universidad de Santo Tomás de Roma, creada y dirigida por la Orden de Predicadores. Su tesis doctoral fue sobre "La fe en San Juan de la Cruz", dirigida por el profesor dominico Garrigou-Lagrange.

Vuelto a Polonia, siempre estuvo cerca del cardenal Wyszynski, impartió clases en la Universidad Católica de Lublin, y diversos trabajos pastorales en la parroquia de San Florián de Cracovia.

En 1958 fue nombrado obispo auxiliar de Cracovia por Pío XII, y de 1962 a 1965 intervino en las cuatro sesiones del Concilio Vaticano II como Padre Conciliar. En 1964 fue nombrado arzobispo de Cracovia, y en 1967, Pablo VI lo creó cardenal.

Tras la muerte de Pablo VI –que en 1976 lo llamó a Roma a predicar los ejercicios espirituales al Papa y a los eclesiásticos del Vaticano– y el fugaz pontificado de Juan Pablo I, fue elegido Papa el 16 de octubre de 1978. Su lema: "Totus tuus", todo de María. Su consigna: "Abrid de par en par las puertas a Cristo".

Al joven Papa pronto se le acabaría la agilidad juvenil y a punto estuvo de acabar su vida una bala que pudo causarle la muerte, el 13 de mayo de 1981. Desde entonces ya no fue aquel Papa juvenil que gozaba de una salud de hierro. Él consideró un milagro de la Virgen de Fátima que se desviara la bala asesina, y fue a Portugal al año siguiente para dar gracias a la Virgen de Fátima. Años más tarde, revelaría el tercer secreto de Fátima.

Queda para la Iglesia y para el mundo su amplio magisterio: 14 cartas encíclicas, 15 exhortaciones apostólicas, 11 constituciones apostólicas, 45 cartas apostólicas, y miles y miles de páginas que contienen sus catequesis, discursos, homilías en Roma y en 120 países de todo el mundo y en todos los idiomas. Uno de los idiomas más empleados en sus viajes fue la lengua española: visitó todos los países hispanos, a España viajó cinco veces, las mismas que a México.

Su muerte, el 2 de abril de 2005, conmocionó al mundo. Millones de personas de toda la tierra se dieron cita en torno a su féretro durante los días que precedieron al entierro. El Papa que canonizó cientos de beatos y beatificó a miles de venerables, hubiera sido canonizado por aclamación si hubiera sido posible: "¡Santo súbito!", aclamaban cientos de miles de jóvenes. Su proceso se incoó en Roma, antes de que se cumplieran los cinco años preceptivos Y un día no lejano podremos venerar al Beato/San Juan Pablo II: *el Papa viajero; mariano; de los jóvenes,* con sus Jornadas Mundiales de la Juventud; *de la televisión,* que difundió por toda la tierra su figura y su magisterio desde Roma o desde cualquier rincón del mundo; *del perdón,* que perdonó a su agresor Ali Agca y pidió perdón a la humanidad por los pecados de la Iglesia; *de la reconciliación de las religiones*, con sus encuentros en Asís; *de la caída del comunismo, de la nueva Evangelización.*

"Juan Pablo II, te quiere todo el mundo": el Grande, el cercano, el que con su palabra y su ejemplo arrastró multitud de corazones y de vidas hasta Jesucristo, el único Señor de su vida.

El clamor de la muchedumbre en los funerales de Juan Pablo II, *Santo súbito! ¿Santo, ya!* se ha cumplido. El 1 de mayo de 2011, con una afluencia de fieles de todo el mundo que ha superado todas las previsiones, su sucesor, Benedicto XVI **proclamó Beato a Juan Pablo II.** *¡Beato Juan Pablo II, ruega por nosotros!*

JOSÉ A. MARTÍNEZ PUCHE, O. P.

ENERO

1 ENERO
SANTA MARÍA MADRE DE DIOS.
Santos Manuel y Fulgencio

*María es la **Madre de Dios** (Theotokos)*, ya que, por obra del Espíritu Santo, concibió en su seno virginal y dio al mundo a Jesucristo, el Hijo de Dios consubstancial al Padre. "El Hijo de Dios, nacido de la Virgen María, se hizo verdaderamente uno de nosotros", se hizo hombre *(Redemptoris Mater, 25-3-1987, n. 4)*.

2 ENERO
Santos Basilio y Gregorio, Adalardo

*El hombre no puede hacer nada más grande que **dar gloria a Dios**.* No existe una acción más elevada para los pueblos, naciones y sociedades. El *Creador ha colocado al hombre, desde el inicio, en el centro del mundo visible a fin de que este hombre*, creado como hombre y mujer, pueda *conocer a Dios* a través del testimonio de toda la creación *(Homilía en Antsiranana, Madagascar, 29-4-1989)*.

3 ENERO
Santísimo Nombre de Jesús. Santos Antero y Genoveva

La paz es posible si está basada en el reconocimiento de la paternidad de Dios y de la hermandad entre todos los hombres, y la esperanza de que el sentido de responsabilidad moral que cada persona ha de asumir hará posible la creación de **un mundo mejor en libertad, en justicia y en amor** *(Alocución al despedirse de la ONU, 2-10-1979).*

4 ENERO
Santas Genoveva Torres, Isabel Ana Seton, Zedíslava

La virtud cristiana de la **solidaridad** llevará a cada uno a mirar a su prójimo no sólo como un ser humano, sino como "imagen viva de Dios Padre, rescatada por la sangre de Jesucristo y puesta bajo la acción permanente del Espíritu Santo" *(Sollicitudo rei socialis,* 40) *(Homilía en Santa Cruz, Bolivia, 13-5-1988).*

5 ENERO
Santos Deogracias, Juan N. Neumann, Emiliana

La verdad cristiana está íntimamente unida al amor. En su esencia profunda, es realmente una manifestación del amor de Dios al hombre y una llamada al **amor de Dios y de los herma-**

nos *(Discurso a la Conferencia Episcopal Italiana, 18-5-1989).*

6 ENERO
EPIFANÍA DEL SEÑOR.
Santos Andrés Corsini, Pedro Tomás
Cristo es la revelación personal de Dios. No solamente nos habla de Dios, su Padre, sino que se nos presenta como la **revelación plena del Padre.** Jesús es Hijo de Dios, el Verbo o palabra viva y personal del Padre, hecha carne por obra del Espíritu Santo en el seno de la Virgen María *(Homilía en Curaçao, 13-5-1990).*

7 ENERO
Santos Raimundo de Peñafort, Luciano, Ciro
La promulgación del Código de Derecho Canónico, trabajado y debatido cuidadosamente durante muchos años, es un ejemplo del modo en que nuestra fidelidad al Evangelio y al misterio de la Iglesia deben llevarnos **de las palabras a las obras** *(Discurso al Secretariado para la Unión de los Cristianos, 16-11-1984).*

8 ENERO
Santos Apolinar, Severino, Lorenzo Justiniano
Sin fe en Dios no puede haber esperanza, no puede haber una esperanza duradera, auténtica. **Dejar de creer en Dios es empezar a deslizarse** por un sendero que sólo puede llevar al

vacío y a la desesperación *(Discurso a los jóvenes en Los Ángeles, EE. UU., 15-4-1987)*.

9 ENERO
Santos Eulogio de Córdoba, Adrián

¡Buscad a Cristo en la **Eucaristía**! ¡Amadlo de corazón! Y para recibirlo de manera digna y como Él lo merece, no dejéis de prepararos, cuando sea preciso, mediante el sacramento de la Penitencia *(Discurso en Motevideo, 7-5-1988)*.

10 ENERO
Santos Gregorio de Nisa, Miltiades, Guillermo

Para el creyente, **la fe**, además de ser la firme adhesión a unas verdades inmutables en el tiempo y en el espacio, es también la plena identificación con la persona y el mensaje siempre actual de Jesucristo *(Mensaje a los jóvenes argentinos, 8-9-1985)*.

11 ENERO
Santos Higinio, Honorata, Tomás de Cori

La **muerte física** es para los creyentes sólo un paso de una existencia de dolores y de pruebas a la vida plena y duradera en la felicidad de Dios; no es ya un castigo, sino una liberación de los múltiples males introducidos en la vida humana por el pecado *(Homilía en la parroquia romana de la Inmaculada Concepción, 2-10-1986)*.

12 ENERO
Santos Martino de León, Arcadio, Cesárea

La oración no es una ocupación entre otras muchas, sino que se encuentra en el centro de nuestra vida en Cristo. Aparta nuestra atención de nosotros mismos y la dirige hacia el Señor. La oración llena la mente con la verdad y da esperanza al corazón. Sin una **experiencia profunda de oración**, el crecimiento en la vida moral será escaso (*Discurso a los obispos de Nueva Inglaterra, EE. UU., en Visita ad Limina, 21-9-1993*).

13 ENERO
Santos Hilario, Remigio, Gumersindo

En un mundo secularizado, **¿quién ayudará a los que dudan** y están tentados de indiferencia, sino los cristianos transparentes, felices de creer y valientes para manifestar su fe? (*Homilía en Flandes, Bélgica, 17-5-1985*).

14 ENERO
Santos Juan de Ribera, Félix de Nola, Eufrasio

El misterio del pecado se compone de esta doble herida, que el pecador abre en su propio costado y en relación con el prójimo. Por consiguiente, se puede hablar de **pecado personal y social**. Todo pecado es *personal* bajo un aspecto; bajo otro aspecto, todo pecado es *social*, en cuanto y debido a que tiene también consecuencias sociales *(Reconciliatio et paenitentia, 2-12-1984, n. 15e).*

15 ENERO
Santos Francisco de Capillas, Arnoldo Janssen, Tarsicia

El creyente sabe bien que la importancia de la **aportación propia a la vida de la Iglesia** no depende tanto del tipo de actividad que desarrolla cuanto, sobre todo, de la carga de fe y de amor que debe poner en el cumplimiento del propio servicio, por humilde que pueda aparecer *(Discurso a las religiosas de Roma, 12-1-1980).*

16 ENERO
Santos Fulgencio, Honorato, Berardo

En cada **bautismo** se realiza la misericordia de la Santísima Trinidad y se vuelve a confirmar aquello que es más querido para el hombre: su valor irrepetible, su trascendente dignidad, su libertad de hijo de Dios *(Homilía, 10-7-1988).*

17 ENERO
Santos Antonio Abad, Rosalía, Sulpicio

A la luz de la muerte y resurrección de Cristo, la **enfermedad** no aparece ya como un hecho exclusivamente negativo: más bien se contempla como una "visita de Dios", como una ocasión "para provocar amor, para hacer nacer las obras de amor al prójimo, para transformar toda la civilización humana en la civilización del amor" (Carta apostólica *Salvifici doloris*, 11-2-1984, n. 30) *(Mensaje para la I Jornada Mundial del Enfermo, 21-1-1992).*

18 ENERO
Santos Margarita de Hungría, Prisca, Deícola
Octavario de oración por la unidad
de los cristianos

La llamada de Cristo a la unidad es, al mismo tiempo, una llamada a la santidad y una llamada a un mayor amor. Es una llamada para que nuestro testimonio se haga más auténtico. Sólo si somos discípulos más fieles de Cristo, podemos esperar recorrer el **camino hacia la unidad** bajo la guía del Espíritu Santo y con la fuerza de su gracia *(Discurso a los obispos del Oriente de Francia, en Visita ad Limina, 29-1-1987).*

19 ENERO
Santos Arsenio, Germánico, Liberata y Faustina

En la vida lo que cuenta no es tanto estar aquí o allá o hacer esto o aquello. Lo que cuenta es **escuchar la voluntad de Dios,** como el patriarca Abrahán, y ponerla en práctica día a día *(Discurso a la Asamblea de Cooperación Cutural Italia-Países en Desarrollo, 23-11-1984).*

20 ENERO
Santos Fabián y Sebastián, Fructuoso, Augurio y Eulogio

La gloria de la **caridad cristiana**, de este amor que nos tenemos los unos a los otros, derramado por el Espíritu Santo en nosotros, es el querer hacer cada vez *más* (por los demás) *(Homilía en Uagadugu, Alto Volta, 10-5-1980)*.

21 ENERO
Santos Inés, Epifanio, Juan Yi

El Espíritu de Jesucristo es la fuente y el camino para edificar una **civilización del amor**, que sea capaz de asegurar una vida digna del ser humano al mayor número posible de personas en esta tierra *(Homilía en Innsbruck, Austria, 27-6-1988)*.

22 ENERO
Santos Vicente Mártir, Vicente Pallotti, Beata Laura Vicuña

Del sacerdocio del Hijo, el Ungido, proceden, en el Espíritu Santo, **la vocación y el ministerio de los sacerdotes,** que, mediante el sacramento del orden, quedan marcados en ellos por un sello indeleble *(Discurso a los sacerdotes en Suiza, 15-6-1984)*.

23 ENERO
Santos Ildefonso, Francisco Gil de Fréderic, Emerenciana

Recordando esa presencia de María, no puedo

menos de mencionar la importante obra de San Ildefonso de Toledo, *Sobre la **virginidad perpetua de Santa María**,* en la que expresa la fe de la Iglesia sobre este misterio: "Virgen antes de la venida del Hijo, virgen después de la generación del Hijo, virgen con el nacimiento del Hijo, virgen después de nacido el Hijo" (C. 1: PL 96, 6) *(Discurso en Zaragoza, 6-11-1982).*

24 ENERO
Santos Francisco de Sales, Bábila, Feliciano

Jesús instruye a los Doce, antes de mandarlos a evangelizar, indicándoles los caminos de la misión: pobreza, mansedumbre, aceptación de los sufrimientos y persecuciones, deseo de justicia y de paz, caridad; es decir, les indica precisamente las Bienaventuranzas... En un mundo angustiado y oprimido por tantos problemas, que tiende al pesimismo, **el anunciador de la "Buena Nueva"** ha de ser un hombre que **ha encontrado en Cristo** la verdadera esperanza *(Encíclica "Redemptoris missio", 91c)*

25 ENERO
Conversión de San Pablo. Santos Ananías, Beato Enrique Suso

La **conversión de Pablo** nos recuerda que la *metanoia,* el cambio sincero del corazón, es esencial no sólo para el progreso espiritual de cada uno de los cristianos, sino también *para el restableci-*

miento de la unidad plena entre ellos *(Homilía en San Pablo Extramuros, 25-1-1992).*

26 ENERO
Santos Timoteo y Tito, Paula, Alberico

Antes de morir en la cruz ofreciendo su vida al Padre en sacrificio de adoración y de amor, Jesús instituyó la **Eucaristía,** transformando el pan y el vino en su misma persona y dando a los Apóstoles y a sus sucesores, los obispos y los sacerdotes, el poder de hacerlo presente en la santa misa *(Homilía en el Corpus Christi, 14-6-1979).*

27 ENERO
Santos Ángela de Mérici, Enrique de Ossó, Julián, Mario

El bautismo es la fuente de la nueva vida. Es la fuente de la vocación de cada creyente en Cristo. Mediante el poder del Espíritu Santo, morimos al pecado y resucitamos a la comunión con Dios, a una vida de gracia, a la santidad, que es un don de Dios. **En el bautismo somos incorporados a la Iglesia,** Cuerpo de Cristo *(Discurso a los sacerdotes en Lusaka, Zambia, 2-5-1989).*

28 ENERO
Santos Tomás de Aquino, Julián de Cuenca, Águeda Lin Zhao

Aliento hoy a los frailes de la Orden de Predicacadores y a los fieles a que quieran proseguir las investigaciones en **filosofía y teología,** a convertirse en discípulos verdaderos de Santo Tomás, capaces de afrontar las "cuestiones disputadas", y a dialogar con cuantos estén alejados de la fe y de la Iglesia... –**Santo Tomás de Aquino** sea vuestro maestro de doctrina segura, de la profunda inteligencia de la fe, que encuentra constantemente luz en la contemplación del misterio de Cristo para comprender las Escrituras y confrontarlas con la cultura y la historia de los hombres *(Carta con ocasión del primer centenario de la "Revue Thomiste" y Discurso a los seminaristas de Moscú, 1995).*

29 ENERO
Santos Valero, Afraates.
Beato Manuel Domingo y Sol

Todo auténtico testimonio de Cristo implica la caridad; requiere el deseo de **evitar toda herida al amor.** Así, también a toda la Iglesia se le debe reconocer por medio de la caridad *(Audiencia general, 3-6-1992).*

30 ENERO
Santos Lesmes, Martina, Jacinta Mariscotti, David Galván

Vale la pena vivir a fondo **la propia consagración,** cuando se convierte, día tras día, en entrega total de sí, expresión del amor *mayor*, que nos asemeja a Cristo *(Discurso a la Unión Internacional de Superiores Generales, 14-5-1993)*.

31 ENERO
Santos Juan Bosco, Ciro y Juan, Marcela, Waldo
Todo bautizado debe ser apóstol, es decir, un enviado a transmitir por doquier la luz del Evangelio, a llevar a toda dimensión de la vida la animación del fermento cristiano *(Discurso a los jóvenes en Gran Sasso, Italia, 30-6-1985)*.

FEBRERO

1 FEBRERO
Santos Ramón de Fitero, Brígida, Severo
El **amor a Dios** se realiza y, en cierto sentido, encuentra su verificación en el **amor al hombre**, al prójimo, a quien debemos amar como a nosotros mismos *(Discurso a los jóvenes en Tokio, Japón, 23-2-1981).*

2 FEBRERO
PRESENTACIÓN DEL SEÑOR.
PURIFICACIÓN DE MARÍA
La manifestación personal de Dios alcanza su plenitud en Jesucristo, que es la Palabra del Padre, el Hijo eterno de Dios hecho hombre. Todo el plan de Dios para la familia humana se manifiesta a través del **misterio de la Encarnación** *(Homilía en Shillong, India, 4-2-1986).*

3 FEBRERO
Santos Blas, Óscar, Simeón y Ana
Os pido una renovada fidelidad, que haga más encendido el amor a Cristo, más sacrificada y alegre vuestra entrega, más humilde vuestro servicio, sabedores —os lo diré con Santa Teresa

de Jesús– de que "quien de verdad comienza a servir al Señor, lo menos que le puede **ofrecer es la propia vida**" *(Alocución a los religiosos en Madrid, 2-11-1982).*

4 FEBRERO
Santos Catalina de Ricci, Juan de Britto, Rabano Mauro

Incluso en las situaciones donde la proclamación de nuestra fe es difícil, debemos tener la **valentía de hablar de Dios,** de Él, que es la base de nuestra fe, la razón de nuestra esperanza y la fuente de nuestro amor *(Discurso a los obispos de Nigeria, en Visita ad Limina, 3-9-1987).*

5 FEBRERO
Santos Águeda, Pedro Bautista, Jesús Méndez

La Iglesia rechaza *con toda firmeza* (GS, 21) el **ateísmo,** porque está en contraste con la esencia misma de la fe cristiana, la cual incluye la convicción de que la existencia de Dios puede ser alcanzada por la razón *(Audiencia General, 12-6-1985).*

6 FEBRERO
Santos Pablo Miki, Dorotea, Mateo Correa

La fe y la esperanza conducen al amor al prójimo. Toda la existencia saca su valor de la calidad del amor. **Dime cuál es tu amor, y te diré quién eres tú** *(Discurso a los jóvenes en Lourdes, 15-8-1983).*

7 FEBRERO
Santos Ricardo, Juliana.
Beato Anselmo Polanco

El **celibato** *por el reino de los cielos* no es solamente fruto de una opción libre por parte del hombre, sino también una gracia especial por parte de Dios. Si este es un signo especial del reino de Dios que ha de venir, al mismo tiempo sirve para dedicar a este reino escatológico todas las energías del alma y del cuerpo de un modo exclusivo durante la vida temporal *(Mulieris dignitatem, 15-8-1988, n. 20a).*

8 FEBRERO
Santos Jerónimo Emiliani, Josefina Bakhita, Honorato

Yo urjo a hacer de la **misa dominical** y de la comunión frecuente un elemento habitual de vuestras vidas, más aún, el centro y la cumbre de todo lo que sois y hacéis *(Homilía, 7-7-1986).*

9 FEBRERO
Santos Apolonia, Miguel Febres, Sabino.
Beato Leopoldo de Alpandeire

Sean extraordinarios, sean simples y sencillos, **los carismas son siempre** *gracias del Espíritu Santo que tienen*, directa o indirectamente, *una utilidad eclesial,* ya que están ordenados a la edificación de la Iglesia, al bien de los hombres y a las necesidades del mundo *(Exhortación Christifideles laici, 30-12-1988, n. 24b).*

10 FEBRERO
Santos Escolástica, Silvano, Guillermo

Alimentad vuestra fe en sus fuentes auténticas, poniéndoos a la escucha de la Palabra de Dios, sin separar **la Biblia, la Tradición y el Magisterio** de la Iglesia, al cual ha sido confiado este depósito *(Discurso a peregrinos de Lourdes, 15-8-1983).*

11 FEBRERO
Nuestra Señora de Lourdes.
Santos Pedro Maldonado, Sotera

Esta jornada quiere ser para todos los creyentes "un momento fuerte de oración, participación y ofrecimiento del sufrimiento para el bien de la Iglesia, así como de invitación a todos para que reconozcan en el rostro del **hermano enfermo** el santo rostro de Cristo que, sufriendo, muriendo y resucitando, realizó la salvación de la humanidad" *(Mensaje para la I Jornada Mundial del Enfermo, 21-10-1992).*

12 FEBRERO
Santos Eulalia de Barcelona,
Mártires de Abitinia

Es una trágica mentira enseñar al hombre que la felicidad pueda, o incluso deba, alcanzarse mediante el abandono a las inclinaciones del instinto, sin ninguna renuncia, puesto que es un trágico **error confundir la felicidad con el placer o con la utilidad** (*Discurso al Congreso sobre la Familia, 16-11-1987*).

13 FEBRERO
Santos Benigno, Cástor, Esteban

La **asamblea dominical** es un lugar privilegiado de unidad. En efecto, en ella se celebra el *sacramentum unitatis* (sacramento de la unidad) que caracteriza profundamente a la Iglesia, pueblo reunido "por" y "en" la unidad del Padre, del Hijo y del Espíritu Santo. En dicha asamblea, las familias cristianas viven una de las manifestaciones más cualificadas de su identidad y de su "ministerio" de "iglesias domésticas", cuando los padres participan con sus hijos en la única mesa de la Palabra y del Pan de vida (*Dies Domini, 31-5-1998, n. 36*).

14 FEBRERO
Santos Cirilo y Metodio, Valentín,
Juan Bautista de la Concepción

La Iglesia es el Cristo viviente hoy en todos los continentes, en todos los que se han convertido o se convierten incesantemente a Él, hasta el punto de que su vida ya no es solamente su vida, sino la de Cristo en ellos (*Homilía en Kisangani, Zaire, 6-5-1980*).

15 FEBRERO
Santos Claudio de la Colombière, Enésimo, Faustino

Contemplando a María aprendemos que *es joven quien sabe comenzar a amar cada día nuevo*, quien no espera que los demás tomen la iniciativa, sino que es el primero en el amor *(Exhortación a los jóvenes en Capua, Italia, 24-5-1992).*

16 FEBRERO
Santos Elías, Juliana, Maruta

Está vigente y lo estará siempre en la Iglesia la norma inculcada por San Pablo y por el mismo Concilio de Trento, en virtud de la cual, para la recepción digna de la Eucaristía, debe preceder la **confesión de los pecados,** cuando uno es consciente de pecado mortal *(Discurso a la Sagrada Penitenciaría Apostólica, 30-1-1981).*

17 FEBRERO
Santos Siete Fundadores Servitas, Silvino, Teodoro

¡El hombre necesita de **reconciliación**! *Con el pecado, quebrantó la amistad con Dios, y se encontró solo y desesperado, porque su destino no puede cumplirse fuera de esta amistad (Audiencia General, 13-4-1983).*

18 FEBRERO
Santos Sadot, Francisco Regis.
Beato Fray Angélico

La fe de la Iglesia, fundada sobre la Revelación divina, nos enseña que cada uno de nosotros **será juzgado según sus obras,** porque en nuestras obras es la *persona* la que se expresa, se realiza y se plasma *(Audiencia General, 20-7-1983).*

19 FEBRERO
Santos Lucía Yi, Conrado.
Beato Álvaro de Córdoba

El sacramento de la Penitencia es el camino ordinario para obtener el perdón y la remisión de los pecados graves cometidos después del Bautismo. Sería insensato, además de presuntuoso, querer prescindir arbitrariamente de los instrumentos de gracia y de salvación que el Señor ha dispuesto y, en su caso específico, pretender recibir el perdón prescindiendo del sacramento instituido por Cristo precisamente para el perdón *(Reconciliación y penitencia, 2-12-1984, n. 31b).*

20 FEBRERO
Santos León, Eleuterio. Beatos Francisco y Jacinta de Fátima

La *confesión* es un acto de honradez y valentía; un acto de *entrega de nosotros mismos,* más allá del pecado, *a la misericordia de un Dios que ama y perdona*. Es un acto del hijo pródigo que regresa a su Padre y es recibido por él con un beso de paz *(Homilía en San Antonio, EE. UU., 13-9-1987)*.

21 FEBRERO
Santos Pedro Damián, Germán, Roberto

Sólo podré **creer** realmente **en Dios como persona,** si sé que soy personalmente responsable ante Él; que puedo volver a Él, el Padre misericordioso, porque Cristo restableció en su cruz el orden del amor y de la reconciliación *(Discurso en Enns-Lorch, Austria, 25-6-1988)*.

22 FEBRERO
Cátedra de San Pedro.
Santos Margarita de Cortona, Papías

La Iglesia nos recuerda precisamente en este período la necesidad inderogable de la **confesión sacramental,** para que todos podamos vivir la resurrección de Cristo no sólo en la liturgia, sino también en nuestra propia alma *(Homilía, 28-2-1979)*.

23 FEBRERO
Santos Policarpo, Milburga.
Beata Rafaela Ybarra

La Iglesia, a lo largo de los siglos, interpretando la voluntad de Cristo, ha exhortado siempre a los fieles a acercarse con frecuencia al **sacramento de la Penitencia,** incluso para que sean perdonados sólo los pecados veniales. Esta evolución respecto al pecado, como dijo mi predecesor Pío XII, no tuvo lugar sin la asistencia del Espíritu Santo *(Homilía, 28-2-1979).*

24 FEBRERO
Santos Etelberto, Modesto, Pedro Palatino

El **ayuno** generoso y voluntario de los que siempre poseéis el alimento os permitirá compartir la privación con tantos otros que carecen de él; vuestros ayunos en la Cuaresma, que son parte de la rica tradición cristiana, os abrirán más el espíritu y el corazón para compartir solidariamente vuestros bienes con los que no tienen *(Mensaje para la Cuaresma de 1989).*

25 FEBRERO
Santos Luis Versiglia, Cesáreo, Calixto, Toribio Romo. B. Ciriaco M. Sancha

El **espíritu de penitencia y su práctica** nos conducen a desprendernos sinceramente de todo lo que poseemos de superfluo, y a veces incluso de lo necesario, y que nos impide "ser" verdaderamente lo que Dios quiere que seamos: "Donde está tu tesoro, allí estará tu corazón" *(Mensaje para la cuaresma, 20-2-1980).*

26 FEBRERO
Santos Paula Montal, Alejandro, Víctor. Beata Piedad de la Cruz

La mortificación evangélica no es ahogo de valores auténticamente humanos ni, mucho menos, su condena. Es más bien la condición indispensable para garantizar al hombre la libertad interior que, sustrayéndolo de la sugestión de los bienes sensibles, le permite realizarse según la verdad de su ser espiritual *(Discurso en el Pontificio Seminario Lombardo de Roma, 13-1-1985)*.

27 FEBRERO
Santos Gabriel de la Dolorosa, Ana Line, Baldomero

No olvidéis que la Iglesia, insistentemente, pide hacer los **ejercicios espirituales** no sólo a los ministros sagrados, a los religiosos y a las personas consagradas, sino también a aquellos que gustan entrar en sí mismos y dedicar a Dios un poco de tiempo con el ánimo abierto a la esperanza de encontrarlo en su camino, para amarlo y seguirlo cada vez más *(Discurso a la Federación Italiana de Ejercicios Espirituales, 17-12-1989)*.

28 FEBRERO
Santos Mártires de Alejandría, Román, Mariana y Cira

El hombre tiene íntimamente necesidad de

encontrarse con la **misericordia de Dios** hoy más que nunca, para sentirse radicalmente comprendido en la debilidad de su naturaleza herida; y sobre todo para hacer la experiencia espiritual de ese Amor que acoge, vivifica y resucita a la vida nueva *(Discurso a la Familia del Amor Misericordioso, 2-2-1931).*

29 FEBRERO
Santos Hilario, Osvaldo,
Augusto Chapdelaine

Sólo Dios puede liberar al hombre; éste adquiere totalmente su dignidad y liberad cuando experimenta en profundidad la gracia redentora y transformante de Cristo. **La verdadera libertad del hombre es la comunión con Dios** *(Discurso en Segovia, 5-11-1982).*

MARZO

1 MARZO
Santos Félix II, Rosendo, Albino, David
Ahora sé mejor que antes que el *sufrimiento* es una dimensión tal de la vida que a través de él *penetra en el corazón humano*, como de ninguna otra forma, *la gracia de la redención (Discurso en el Policlínico Gemelli, 19-8-1981).*

2 MARZO
Santos Ángela de la Cruz, Troadio, Ceada
A la cuestión de saber si **el Evangelio puede responder a los problemas del hombre** de hoy, yo respondo: no solamente es capaz de ello, sino que ha de ir más lejos; sólo el Evangelio da una respuesta total, que va completamente hasta el fondo de las cosas *(Discurso a los seminaristas en París, 1-6-1980).*

3 MARZO
**Santos Emeterio y Celedonio,
Catalina Drexel, Cunegunda**
Sólo una **vida de fe** sinceramente aceptada e intensamente vivida puede iluminar en sus raíces el misterio del dolor, aliviarlo con el aliento de la esperanza, con la fuerza de la caridad, llegar in-

cluso a transformarlo en alegría y hacer de él una de las palancas que levanta al mundo *(Discurso en la Clínica Villa Betania, 17-12-1982).*

4 MARZO
Santos Casimiro, Apiano, Basino

Por el sentido redentor del dolor, los afectados por el sufrimiento pierden el sentimiento apremiante de ser inútiles. Vosotros, **enfermos, impedidos y ancianos**, os convertís en "mediadores insustituibles y en autores de los bienes indispensables para la salvación del mundo" *(Salvifici doloris, 27),* si unís conscientemente vuestro sufrimiento al sufrimiento sacrificial de Cristo *(Alocución a los enfermos en Luxemburgo, 15-5-1985).*

5 MARZO
Santos Teófilo, Lucio, Adrián, Juan José de la Cruz

La aceptación en la fe de cualquier **sufrimiento** humano puede convertirlo en una participación personal en el sufrimiento sacrificial y expiatorio de Cristo. El mismo Cristo continúa así su pasión en el hombre que sufre. Por ello, toda la ayuda, así como todo el amor que dedicamos a las personas que sufren las dedicamos, en último término, a Cristo *(Discurso a los enfermos en Einsiedeln, Suiza, 16-6-1985).*

6 MARZO
Santos Olegario, Julián de Toledo, Coleta Boylet, Inés de Praga

En su predicación, Jesús aclaró que, aunque la **enfermedad** va unida a la condición pecadora de la humanidad, en los casos individuales *ciertamente no es un castigo de parte de Dios por pecados personales (Alocución a los enfermos en Wellington, 23-11-1986)*.

7 MARZO
Santos Perpetua y Felicidad, Teresa, Simeón Berneux

Ofrezcamos también los **sufrimientos** de todos los que, no teniendo la luz de la fe, no saben por qué sufren. Oremos por ellos, para que puedan ser iluminados sobre el sentido de su sufrimiento *(Audiencia General, 30-3-1988)*.

8 MARZO
Santos Juan de Dios, Veremundo, Félix. Beato Faustino Míguez

La cruz de la enfermedad, llevada en comunión con la de Cristo, se vuelve también fuente de salvación, de vida o de resurrección, para el propio enfermo y para los demás, para la humanidad entera *(Discurso en la leprosería de Belim, Brasil, 8-7-1980)*.

9 MARZO
Santos Francisca Romana, Paciano, Bruno

El sufrimiento es una vocación, una llamada a aceptar la carga del dolor para transformarlo en sacrificio de purificación, ofrecido al Padre en Cristo y con Cristo para la salvación propia y ajena *(Homilía en el Jubileo de los enfermos, 5-6-1983)*.

10 MARZO
Santos Cayo y Alejandro, Juan Ogilvie, Macario, Víctor

La **solidaridad** es una respuesta al reto de Cristo y, siempre que se practica *en nombre de Cristo y de su Iglesia*, se practica sin distinción de credo, sexo, raza, nacionalidad o afiliación política. La finalidad sólo puede ser el *ser humano necesitado* (Discurso a los obispos de la I y VIII Región de EE. UU., en Visita ad Limina, 9-9-1989).

11 MARZO
Santos Vicente de León, Sofronio, Domingo Câm

Por la comunión interna con Cristo a través de los **sufrimientos**, el propio sufrimiento humano recibe una fuerza liberadora y transformadora y, al mismo tiempo, una participación en la esperanza pascual en la resurrección futura *(Discurso a los enfermos en Einsiedeln, 8-9-1985)*.

12 MARZO
Santos Luis Orione, Inocencio I, Maximiliano

Los cristianos, aleccionados por la fe, sabemos que el **sufrimiento** puede convertirse –si lo ofrecemos a Dios– en instrumento de salvación y en camino de santidad, que nos ayuda a alcanzar el cielo. Para un cristiano, el dolor no es motivo de tristeza, sino de gozo *(Discurso a los enfermos en Córdoba, Argentina, 8-4-1987).*

13 MARZO
Santos Rodrigo y Salomón, Macedonio y Patricia e hija Modesta

El **sufrimiento** es el camino obligado de la salvación y de la santificación. Para ser santos, podemos carecer de este o aquel carisma, de esta o aquella aptitud especial; pero no se nos puede dispensar del sufrimiento. Sufrir es un ingrediente necesario de la santidad. Como lo es el amor *(Discurso a los enfermos en Turín, Italia, 4-9-1988).*

14 MARZO
Santos Matilde, Alejandro, Lázaro, Paulina

Vivid la **unión con Cristo** mediante una fe ardiente, en la oración, para que podáis hallar siempre en Él la fuerza necesaria para perseverar, y entonces llegaréis a ser, como Él, "hombres para los otros". Él continúa invitando y proponiendo a cada uno de vosotros: "Haré de ti un pescador de hombres" *(Discurso en el seminario de Bissau, 27-1-1990).*

15 MARZO
Santos Luisa de Marillac, Clemente María, Leocricia

Los seminaristas o sacerdotes se deben formar ante todo en un profundo *sentido de Iglesia.* Deben amar intensamente a la Iglesia, como "Cristo la amó y se entregó por ella" (cf. Ef 5, 25). Cuanto más **santos sean los seminaristas y los sacerdotes**, tanto más santa será la Iglesia *(Discurso a los rectores de seminarios y colegios de Roma, 16-5-1079).*

16 MARZO
Santos Eusebia, Heriberto, Julián

Seminaristas: Éste es el reto que se os presenta hoy a cada uno de vosotros: rendir vuestros corazones y vuestras voluntades a Cristo bajo la acción del Espíritu Santo para entregaros libre, total y perseverantemente a Cristo. El Señor Jesús pide la respuesta y la entrega de vuestra libertad *(Homilía en el Pontificio Colegio Inglés de Roma, 6-12-1979).*

17 MARZO
Santos Patricio, Gertrudis de Brabante, Juan Sarkander

Quien se alimenta de Cristo en la Eucaristía no

tiene que esperar el más allá para recibir la vida eterna: *la posee ya en la tierra* como primicia de la plenitud futura, que abarcará al hombre en su totalidad. En efecto, en **la Eucaristía** recibimos también la **garantía de la resurrección** corporal al final del mundo: "El que come mi carne y bebe mi sangre, tiene vida eterna, y yo le resucitaré el último día" (Jn 6, 54) (*Ecclesia de Eucharistia*, 17-04-2003, n. 18).

18 MARZO
Santos Cirilo de Jerusaén, Salvador de Horta, Eduardo

La fuente de la esperanza, para Europa y el mundo entero, es Cristo, y "la Iglesia es el canal a través del cual pasa y se difunde la ola de gracia que fluye del Corazón traspasado del Redentor". En base a esta confesión de fe, brota de nuestro corazón y de nuestros labios "una alegre confesión de esperanza: ¡Tú, Señor, resucitado y vivo, eres la esperanza siempre nueva de la Iglesia y de la humanidad; tú eres la única y verdadera esperanza del hombre y de la historia; tú eres entre nosotros "la esperanza de la gloria" (Col 1, 27) (*Ecclesia in Europa*, 28-06-2003, n. 18).

19 MARZO
SAN JOSÉ, esposo de la Virgen María

José de Nazaret fue *un hombre de una confianza ilimitada*. Sólo así pudo vivir la llamada única que había recibido de Dios para convertirse en el esposo de la Virgen María y en el custodio del Hijo de Dios *(Homilía en la beatificación de Mary MacKillop, 19-1-1995).*

20 MARZO
Santos Martín de Braga, Juan Nepomuceno

Amad y haced **amar al seminario**, de modo que toda la comunidad eclesial lo sostenga y acompañe, con la confianza de que Dios llame a los jóvenes, que lo busquen, como ocasión para su respuesta vocacional. Presbiterio y seminario deben caminar juntos: será signo de que esta nobilísima Iglesia está viva y tiene un futuro *(Discurso a los sacerdotes en Venecia, 16-6-1985).*

21 MARZO
Santos Nicolás de Flúe, Agustín Zhao

Sólo *la experiencia del* **silencio** *y de la oración* ofrece el horizonte adecuado en el que puede madurar y desarrollarse el conocimiento más auténtico, fiel y coherente, de aquel misterio que tiene su expresión culminante en la solemne proclamación del evangelista Juan: "Y la Palabra se hizo carne, y puso su morada entre nosotros, y hemos contemplado su gloria, gloria que recibe del Padre como Hijo único, lleno de gracia y de verdad" (Jn 1, 14) *(Novo millenio ineunte, 6-1-2001, n. 20).*

22 MARZO
Santos Epafrodito, Bienvenido, Lea, Calínicas y Basilisa

Vale la pena **dedicarse a la causa de Cristo,** que quiere corazones valientes y decididos. Vale la pena consagrarse al hombre por Cristo, para llevarlo a Él, para elevarlo, para ayudarle en el camino hacia la eternidad *(Discurso a los seminaristas en Guadalajara, México, 30-1-1979).*

23 MARZO
Santos Toribio de Mogrovejo, José Oriol, Rebeca

La **vocación cristiana,** y especialmente la sacerdotal, está sobre todo implicada, orientada, dirigida, hacia toda la humanidad, hacia todo lo que constituye el verdadero bien del hombre, pero también contra todo lo que amenaza a la humanidad *(Discurso en el seminario romano, 28-2-1987).*

24 MARZO
Santos Catalina de Suecia, Severo. Beato Diego José de Cádiz

En realidad, toda la vida del hombre y todo su tiempo deben ser vividos como alabanza y agradecimiento al Creador. Pero la relación del hombre con Dios *necesita también **momentos de oración explícita**,* en los que dicha relación se convierte en diálogo intenso, que implica todas las dimensiones de la persona. El "día del Señor" es, por excelencia, el día de esta relación, en al que el hombre eleva a Dios su canto, haciéndose voz de toda la creación (*Dies Domini, 31-5-1998, n. 15*).

25 MARZO
ANUNCIACIÓN DEL SEÑOR. Santos Dimas, Matrona

La bienaventurada Virgen posee un papel único en el **misterio del Verbo encarnado** y en el del Cuerpo Místico, porque acogió al Verbo de Dios en su corazón y en su cuerpo a la vez (*Homilía en la clausura del Sínodo de los Obispos de Holanda, 31-1-1980*).

26 MARZO
Santos Braulio, Cástulo, Manuel, Sabino

La Iglesia tiene la misión de abrazar a **todos los hombres** en su amor y de abrir a todos el camino de salvación, sin excluir a nadie. Ella proporciona a todos las riquezas espirituales de que es depositaria; a todos alimenta con el Cuerpo del Señor, les administra los sacramentos y les comunica la vida divina (*Discurso en los barrios pobres de Santiago de Chile, 2-4-1987*).

27 MARZO
San Ruperto. Beato Francisco Faà de Bruno

Están ante nuestros ojos los ejemplos de **los santos**, que en **la Eucaristía** hallaron el alimento para su camino de perfección. ¡Cuántas veces derramaron ellos lágrimas de emoción al experimentar tan gran misterio, y vivieron inefables horas de alegría "nupcial" ante el Sacramento del altar! Que nos ayude sobre todo la Virgen Santísima, que encarnó con toda su existencia la lógica de la Eucaristía. "La Iglesia, tomando a María como modelo, ha de imitarla también en su relación con este santísimo Misterio" (*Mane nobiscum, Domine*, 7-10-2004, n. 31).

28 MARZO
Santos Esteban Harding, Gúntram

El amor es más importante que el sufrimiento: el amor da sentido y hace aceptable el sufrimiento. Puede haber amor sin sufrimiento. Pero **el sufrimiento sin el amor no tiene significado;** con el amor –aceptado como lo aceptó Cristo, como lo aceptan los santos–, el sufrimiento adquiere un valor inestimable *(Discurso a los enfermos en Turín, Italia, 4-9-1988).*

29 MARZO
Santos Eustasio, Guillermo Tempier, Ludolfo

Los cristianos que viven en situaciones de **enfermedad, de dolor y de vejez,** no están invitados por Dios solamente a unir su dolor a la pasión de Cristo, sino también a acoger ya ahora en sí mismos y a transmitir a los demás la fuerza de la renovación y la alegría de Cristo resucitado *(Exhortación apostólica "Christifideles laici", 30-12-1988, n. 53c).*

30 MARZO
Santos Juan Clímaco, Julio Álvarez, Leonardo Murialdo

Si todos los cristianos formamos, como piedras vivas, la Iglesia de Jesucristo, **los enfermos** sois, en cierto modo, el cimiento de ese edificio. Cristo, muerto y resucitado, es el fundamento, la piedra angular, y, junto a Él, dando solidez a la construcción, ocupando un lugar aparentemente oculto y escondido, os encontráis vosotros cuando unís vuestro dolor al dolor salvífico del Redentor *(Discurso en Villahermosa, México, 11-5-1990).*

31 MARZO
Santos Benjamín, Balbina, Guido

Jesús vive junto a vosotros, en los hermanos con los que compartís la existencia cotidiana. **Su rostro es el de los más pobres, de los marginados,** víctimas casi siempre de un modelo injusto de desarrollo. La casa de Jesús está donde un ser humano sufre por sus derechos negados, sus esperanzas traicionadas, sus angustias ignoradas *(Mensaje de la Jornada Mundial de la Juventud 1997, 15-8-1996).*

ABRIL

1 ABRIL

Santos María Egipcíaca, Nuño Álvares, Hugo
La verdad que salva es únicamente **Jesucristo,** el
Redentor, el Mediador entre Dios y los hombres,
el Revelador único y definitivo del destino sobrenatural del hombre *(Homilía en la Jornada Mun-*
dial de las Vocaciones, 26-10-1979).

2 ABRIL
Santos Francisco de Paula, Domingo Tuốc,
Abundio, Teodora
El Cristo pascual es la encarnación definitiva de
la misericordia, su signo viviente: histórico-sal-
vífico y a la vez escatológico. En su **resurrec-**
ción, Cristo *ha revelado el Dios del amor mise-*
ricordioso, precisamente porque *ha aceptado la*
cruz como vía hacia la resurrección (Dives in
misericordia, 30-11-1980, n. V, 8g).

3 ABRIL
Santos Sixto I, Ricardo Wych, Luis Scrosoppi
Cristo libera de la esclavitud más envilecedora,
la del **pecado,** que es rechazo del amor de Dios
y, por lo mismo, rechazo de los otros y degra-

dación de sí mismo *(Discurso cultural en el Jubileo, 15-12-1983)*.

4 ABRIL
Santos Platón, Pedro, Benito Massarari

Cristo crucificado y resucitado se ha revelado como el "más fuerte" que ha vencido "al hombre fuerte", el diablo, y lo ha destronado. **De la victoria de Cristo sobre el diablo participa la Iglesia:** Cristo, en efecto, ha dado a sus discípulos el poder de arrojar los demonios (cf. Mt 10, 1, y paral.: Mc 16, 17) *(Audiencia General, 20-8-1986)*.

5 ABRIL
Santos Vicente Ferrer, Irene, Catalina Thomás

La pascua es una fiesta muy nuestra, que nos afecta interiormente, porque, como dice San Pablo, "Cristo fue entregado por nuestros pecados y fue resucitado para nuestra justificación" (Rm 4, 25) *(Audiencia General, 6-4-1988)*.

6 ABRIL
Santos Guillermo, Gala, Ireneo, Eutiquio

La fe nos pide que estemos ante la Eucaristía con la conciencia de estar ante el propio Cristo. **La Eucaristía** es misterio de presencia, por medio del cual se realiza de forma suprema la promesa de Jesús de permanecer con nosotros hasta el fin del mundo. *(Carta Apost. "Quédate con nosotros", n. 16. 7-10-2004).*

7 ABRIL
Santos Juan Bautista de La Salle, Teodoro, Germán

No tiene consistencia la hipótesis de que "*la resurrección haya sido un producto de la fe* (o de la credulidad) de los Apóstoles. Su fe en la resurrección de Cristo nació, por el contrario —bajo la acción de la gracia divina—, de la **experiencia directa de la realidad de Cristo resucitado** *(Audiencia General, 25-1-1989).*

8 ABRIL
Santos Dionisio de Corinto, Julia Billart, Ágabo

La fe en la resurrección de Jesucristo es, desde el comienzo, *una convicción basada en un hecho*, en un acontecimiento real. No es un mito o una "concepción", una idea inventada por los Apóstoles o producida por la comunidad postpascual para superar junto con ellos el sentido de desilusión consiguiente a la muerte de Cristo en la cruz *(Audiencia General, 1-2-1989).*

9 ABRIL
Santos Casilda, Hugo, Liborio, Máximo

La **resurrección** de Cristo es el **mayor evento de la *historia de la salvación*** y, más aún, podemos decir que en la historia de la humanidad, puesto que da sentido definitivo al mundo. Cruz y resurrección forman el único misterio pascual, en el que tiene su centro la historia del mundo *(Audiencia General, 1-3-1989).*

10 ABRIL
Santos Miguel de los Santos, Terencio, Magdalena, Beda

La **resurrección de Cristo** *está estrechamente unida con el misterio de la encarnación del Hijo de Dios*: es su cumplimiento, según el eterno designio de Dios. Más aún, es la coronación suprema de todo lo que Jesús manifestó y realizó en toda su vida, desde el nacimiento a la pasión y muerte *(Audiencia General, 8-3-1989).*

11 ABRIL
Santos Estanislao, Isaac. Beata Elena Guerra

Todo hombre debe aceptar a **Cristo como camino** si no quiere desviarse, asumirlo como **verdad** si no quiere caer en el error, y abrirse a la efusión de la **Vida** –la vida eterna– que brota de Él, si no quiere dejarse absorber por ideologías y culturas de muerte y destrucción *(Discurso en Santiago de Compostela, 19-8-1989).*

12 ABRIL
Santos Julio I, David Uribe, Víctor, Visia y Sofía

Jesús dio su vida por amor. Ama al Padre y a

todos los que el Padre le encomendó. Dio su vida para que todos tengan vida eterna. Cristo, **el buen pastor, *trae la salvación*.** El Hijo sale al encuentro del género humano para conducirlo a la casa del Padre *(Homilía en Gulu, Uganda, 6-2-1993).*

13 ABRIL
Santos Martín I, Hermenegildo, Sabás Reyes

*Cada uno de nosotros ha sido redimido por el **amor del Padre y del Hijo, en el Espíritu** San-to.* El amor del Hijo por nosotros es tan grande que ofreció su vida en sacrificio. Abrazó libremente la cruz. La muerte de Jesús en la cruz es el sacrificio perfecto y el precio de nuestra salvación *(Homilía en Gulu, Uganda, 6-2-1993).*

14 ABRIL
Santos Telmo (B. Pedro González), Lamberto, Ludivina

Desde el interior de la tumba de Cristo llega el anuncio, un grito de alegría: ***Ha resucitado.*** Voz que renueva completamente el horizonte de la historia del hombre, el horizonte de la existencia humana: "La muerte ya no tiene dominio sobre él" (Rm 6, 9) *(Homilía en la Vigilia pascual, 6-4-1993).*

15 ABRIL
Santos Damián de Molokai, Abundio, Teodoro y Pausilipo

La Pascua es el *centro* del año litúrgico y el punto de apoyo de la vida del cristiano, precisamente porque es recuerdo vivo del misterio central de la salvación: la muerte y resurrección del Señor. Se trata, desde luego, de una realidad sobrenatural sorprendente, pero, al mismo tiempo, estamos ante un dato histórico que se puede comprobar en realidad *(Audiencia General, 14-4-1993).*

16 ABRIL
Santos Bernardita de Lourdes, Engracia, Toribio de Astorga, Benito José Labre

La vida de Cristo pasa a nosotros como la savia vivificante de la vid pasa a los sarmientos para que estén vivos y produzcan frutos. *Sin verdadera unión con Cristo* —en quien creemos y de quien nos alimentamos— no puede haber vida sobrenatural en nosotros ni frutos fecundos *(Homilía en Sevilla, 12-6-1993).*

17 ABRIL
Santos Elías, Pablo e Isidoro de Córdoba, Pedro y Hermógenes, Roberto

Jesucristo *sigue ofreciendo a la humanidad la única esperanza verdadera y real.* Él es el verdadero **Pastor del mundo,** porque *Él y el Padre* *son uno* (cf. Jn 17, 22). En su divinidad es uno con el Padre; en su humanidad es uno con nosotros *(Discurso en la vigilia de oración de la VIII Jornada Mundial de la Juventud en Denver, EE. UU., 14-8-1993).*

18 ABRIL
Santos Eusebio, Anastasia.
Beato Andrés Hibernón

Jesucristo es el camino principal de la Iglesia. Él mismo **es nuestro camino "hacia la casa del Padre"** y es también el camino hacia cada hombre. En este camino que conduce de Cristo al hombre, en este camino por el que Cristo se une a todo hombre, la Iglesia no puede ser detenida por nadie *(Redemptor hominis, 4-3-1979, n. 13b).*

19 ABRIL
Santos León IX, Jorge de Antioquía,
Marta

El misterio de la **Encarnación del Hijo de Dios** esclarece las tinieblas de la peregrinación terrena del hombre, especialmente sus últimos días, que están señalados por el sufrimiento de la agonía. *Morimos en Cristo, que ha vencido a la muerte* y ha abierto la perspectiva de la vida eterna *(Alocución dominical. 5-8-1979).*

20 ABRIL
Santos Inés de Montepulciano, Aniceto, Secundino

Jesucristo –el Hijo de Dios hecho hombre, el hombre perfecto– perfecciona, restaura y manifiesta en sí mismo la insuperable **dignidad que Dios desea dar al hombre** desde el principio. Él es el único que realiza en sí lo que en el hombre debe ser vocación *(Homilía en Nueva York, 2-10-1979).*

21 ABRIL
Santos Anselmo, Anastasio, Román Adame

Cristo viene a elevar al hombre hasta Dios, en un misterio de abajamiento y al mismo tiempo de grandeza, ante el cual la inteligencia humana se pierde, y no puede hacer más que adorar y dar gracias; *más aún,* **viene a conferir al hombre la grandeza misma de Dios,** su vida, *a comunicarle su naturaleza* (cf. 2P 1, 4) *(Discurso a la Curia Romana, 22-12-1980).*

22 ABRIL
Santos Sotero y Cayo, Oportuna, Leónidas

Si Jesucristo es el supremo Pacificador de la historia humana, el Reconciliador de los corazones humanos, el Liberador de la humanidad, el Redentor del hombre, **Él es nuestra paz** (Ef 2, 14) *(Homilía en Manila, 19-2-1981).*

23 ABRIL
Santos Jorge, Adalberto, Gerardo
Cristo es la luz de la vida humana. Es la luz porque disipa las tinieblas. Es la luz porque esclarece sus misterios. Porque responde a las preguntas fundamentales y, al mismo tiempo, definitivas. Es la luz porque da sentido a la vida. Es la luz porque convence al hombre de su gran dignidad *(Homilía en la Presentación del Señor, 2-2-1982).*

24 ABRIL
Santos Fidel, María Cleofé y Salomé, María Eufrasia, Benito Menni
Recordad siempre que **Cristo es el Hombre nuevo:** sólo a imitación suya pueden surgir los hombres nuevos. Él es la piedra fundamental para construir un mundo nuevo. Solamente en Él encontraremos la verdad total sobre el hombre, que le hará libre interna y exterrnamente en una comunidad libre *(Discurso a los sacerdotes en Lima, 1-2-1985).*

25 ABRIL
Santos Marcos Evangelista, Pedro de Betancurt, Aniano
Cristo es la respuesta adecuada y verdadera a los interrogantes y a las aspiraciones más profundas del corazón del hombre. Cristo da al hombre mucho más de lo que el hombre puede

esperar y desear. Sólo Él nos revela el verdadero rostro de Dios y del hombre. Él es nuestra esperanza y nuestra salvación. Él es el camino, la verdad y la vida *(Homilía en Fiésole, Italia, 18-10-1986).*

26 ABRIL
Santos Isidoro de Sevilla, Rafael Arnáiz Barón, Cleto

Abrazad a Cristo en cada uno de los que con vosotros participa de la dignidad de la naturaleza humana. **Acercaos a Él y descubridlo en el pobre** y en el que tiene soledad, en el enfermo y en el afligido, en el incapacitado, en el anciano, en el marginado, en todos aquellos que esperan vuestra sonrisa, que necesitan vuestra ayuda y que desean vuestro amor *(Discurso a los jóvenes en Sidney, Australia, 25-11-1986).*

27 ABRIL
Santos Zita, Simeón. Nuestra Señora de Montserrat

Sólo Él, Cristo, puede colmar la necesidad de eternidad del corazón humano; sólo Él, Cristo, es total realización de sus aspiraciones y prenda segura de inmortalidad. Sólo Cristo es "el camino, la verdad y la vida" (Jn 14, 6) para los que comen su carne y beben su sangre *(Homilía en Orvieto, Italia, 17-6-1990).*

28 ABRIL
Santos Luis Mª G. de Montfort, Pedro Chanel. Beata Juana Beretta

Cristo nos ama a cada uno de nosotros con un modo único y especial, *porque **nos rescató con su muerte en la cruz.*** Pagó por cada uno de nosotros con el amor más grande. No hay amor mayor que éste (cf. Jn 15, 13) *(Homilía en Gulu, Uganda, 6-2-1993).*

29 ABRIL
Santos Catalina de Siena, Síquico, Hugo

La Iglesia conoce el "sentido del hombre" gracias a la Revelación divina. "Para conocer al hombre, el hombre verdadero, el hombre integral, hay que conocer a Dios", decía Pablo VI, citando a continuación a **santa Catalina de Siena,** que en una oración expresaba la misma idea: **"En la naturaleza divina,** Deidad eterna, **conoceré la naturaleza mía".** La dimensión teológica se hace necesaria para interpretar y resolver los actuales problemas de la convivencia humana. Lo cual es válido –hay que subrayarlo– tanto para la solución "atea", que priva al hombre de una parte esencial, la espiritual, como para las soluciones permisivas y consumistas, las cuales con diversos pretextos tratan de convencer al hombre de su independencia de toda ley y de Dios mismo, encerrándolo en un egoísmo que termina por perjudicarle a él y a los demás *(Encíclica "Centesimus agnus", n. 55ab. 1991).*

30 ABRIL
Santos Pío V, José B. Cottolengo, Amador
Buen Pastor, el Padre te ama porque das tu vida. *El Padre te ama como el Hijo crucificado,* porque **vas a la muerte dando tu vida por nosotros.** Y el Padre te ama *cuando vences la muerte con tu resurrección,* revelando una vida indestructible. *Tú eres la vida y, por tanto, el camino y la verdad* de nuestra vida (cf. Jn 14, 6) *(Discurso en la vigilia de oración de la VIII Jornada Mundial de la Juventud en Denver, EE. UU., 14-8-1993).*

MAYO

1 MAYO
Santos José Obrero, Jeremías, Ricardo Pampuri

Es indispensable que para nosotros, creyentes, **el trabajo** sea realmente un **camino de santificación.** Por tanto, siguiendo el ejemplo del **carpintero de Nazaret,** haced que vuestro trabajo sea una liturgia, un acto de culto con el que ofrezcáis gozosamente a Dios vuestro cansancio, conservando una actitud de servicio y de entrega hacia la familia y la sociedad *(Discurso a los trabajadores en Castellammare di Stabia, Italia, 19-3-1992).*

2 MAYO
Santos Atanasio, Félix de Sevilla, Hesperio y Zoes e hijos

Cuando se puso en discusión el título de "Theotocos" (Madre de Dios), la Iglesia reaccionó inmediatamente confirmando que debía atribuírsele a María como verdad de fe Los que creen en Jesús, que es *Dios,* no pueden menos de creer también que **María es** *Madre de Dios* *(Homilía 1-1-1984).*

3 MAYO
Santos Felipe y Santiago Apóstoles, Timoteo y Maura, Juvenal

María Santísima es la primera criatura que **vivió totalmente para Jesucristo,** y su existencia no tuvo otro objetivo más que Él, su Hijo y su Dios *(Alocución a las Obras Misionales Pontificias, 3-5-1985).*

4 MAYO
Santos José María Rubio, Florián, Silvano

La que en la Anunciación se definió como **"esclava del Señor"** fue durante toda su vida terrena fiel a lo que este nombre expresa, confirmando así que era una verdadera **"discípula" de Cristo,** el cual subrayaba intensamente el carácter de servicio de su propia misión: "Servir y dar la vida como rescate por muchos" (Mt 20, 28) *(Redemptoris Mater, 25-3-1987, n. 41c).*

5 MAYO
Santos Ángel de Sicilia, Máximo, Niceto

José es el que creyó y confió en Dios, como hizo María. Podemos decir que obtuvo el don de una "participación" singular e inmediata *en la fe de María*. **José,** ante Dios y su conciencia, fue el **esposo virginal de la Madre de Dios,** totalmente entregado al misterio de esa maternidad, que el Espíritu Santo había realizado en ella milagrosamente *(Homilía, 19-3-1988).*

6 MAYO
Santos Domingo Savio, Lucio Cireneo, Benita

La Iglesia profesa y proclama que Jesucristo fue concebido y nació de una hija de Adán, descendiente de Abrahán y de David, la Virgen María. San Lucas precisa que *María concibió al Hijo de Dios por obra del Espíritu Santo,* "sin conocer varón" (cf. Lc 1, 34 y Mt 1, 18.24-25). María era, pues, **virgen** antes del parto, en el momento del parto y después del parto *(Audiencia General, 28-1-1987).*

7 MAYO
Santos Flavia Domitila, Agustín Roscelli, Flavio. Ntra. Sra. de Luján

María da su consentimiento a la elección de Dios, para ser la Madre de su Hijo por obra del Espíritu Santo. Puede decirse que este *consentimiento suyo para la maternidad es sobre todo fruto de la **donación total a Dios en la virginidad** (Redemptoris Mater, 25-3-1987, n. 39a).*

8 MAYO
Santos Víctor, Eladio, Arsenio

María aceptó la elección para Madre del Hijo de Dios, guiada por el amor esponsal, que "consagra" totalmente una persona humana a Dios. En virtud de este amor, **María** deseaba estar **siempre y en todo "entregada a Dios",** viviendo la virginidad *(Redemptoris Mater, 25-3-1987, n. 39a).*

9 MAYO
Santos Isaías, Hermes, Pacomio, Catalina de Bolonia

Las palabras "he aquí la esclava del Señor" expresan el hecho de que desde el principio, ella acogió y entendió su **maternidad como *donación total de sí*,** de su persona, al servicio de los designios salvíficos del Altísimo *(Redemptoris Mater, 25-3-1987, n. 39a).*

10 MAYO
Santos Juan de Ávila, Antonino de Florencia, Job

Como aquella mujer del Evangelio lanzó un grito de admiración y bienaventuranza hacia Jesús y su Madre, así también vosotros, en vuestro afecto y en vuestra devoción, soléis *unir siempre a María con Jesús.* Comprendéis que **la Virgen nos conduce a su divino Hijo,** y que Él escucha siempre las súplicas que le dirige su Madre *(Discurso en Serena, Chile, 5-4-1987).*

11 MAYO
Santos Francisco de Jerónimo, Mamerto. Beato Zeferino Namuncurá

"Haced lo que él os diga" (Jn 2, 5). **María nos**

exhorta siempre a ser fieles al Evangelio, como ella lo fue, pues su vida es un testimonio de fidelidad a la palabra y a la voluntad del Padre *(Discurso en Serena, Chile, 5-4-1987).*

12 MAYO
Santos Nereo y Aquiles, Pancracio, Domingo de la Calzada

En la última Cena, no consta que la Madre de Cristo estuviera en el Cenáculo. *Sin embargo, estaba presente* **en el Calvario, al pie de la cruz,** "en donde –como enseña el Concilio Vaticano II–, no sin designio divino, se mantuvo en pie (cf. Jn 19, 25), se condolió vehemente con su Unigénito y se asoció con corazón maternal a su sacrificio" *(Carta a los sacerdotes, 25-3-1988).*

13 MAYO
Nuestra Señora de Fátima.
Santos Pedro Nolasco, Pedro Regalado

En **Fátima,** María repitió una expresión precisa, que su Hijo pronunció al comienzo de su misión pública: "Convertíos y creed la buena nueva" (Mc 1, 15). La invitación insistente de María a la penitencia es la manifestación de su **solicitud materna** por el destino de la familia humana, necesitada de **conversión y perdón** *(Mensaje para la Jornada Mundial del Enfermo, 1997, 18-10-1996).*

14 MAYO
Santos Matías Apóstol, María Dominica Mazzarello, Justa y Eredina

Partiendo de la presencia de la Madre de Jesús y de sus hermanos en el cenáculo, Cromacio concluye con estas incisivas palabras: "Por tanto, **la Iglesia no puede llamarse tal si no está presente María,** la Madre del Señor, junto con sus hermanos" *(Sermones, 30) (Discurso en Monte Grisa, Trieste, Italia, 1-5-1992).*

15 MAYO
Santos Isidro Labrador, Juana de Lestonnac, Witesindo de Córdoba

De conformidad con su dignidad humana y cristiana, *todo **trabajo honrado,*** intelectual o manual, debe ser realizado en honor de Dios, y con la mayor perfección posible. Hecho así, por humilde e insignificante que parezca, *contribuirá* al bien del hombre, a ordenar cristianamente las realidades temporales y *a manifestar su dimensión divina (Homilía en Concepción, Chile, 5-4-1987).*

16 MAYO
Santos Gema Galgani, Simón Stock, Alipio y Posidio

Siguiendo la tradición, el Concilio no duda en llamar a María "Madre de Cristo, madre de los hombres", pues está "unida en la estirpe de Adán con todos los hombres...; más aún, es verdaderamente **madre de los miembros de Cristo** por haber cooperado con su amor a que naciesen en la Iglesia los fieles" *(Redemptoris Mater, 25-3-1987, n. 23b).*

17 MAYO
Santos Pascual Bailón, Víctor, Heraclio y Pablo

María es **Madre de la Iglesia** porque, en virtud de la inefable elección del mismo Padre Eterno y bajo la acción particular del Espíritu de amor, ella ha dado la vida humana al Hijo de Dios, "por el cual y en el cual son todas las cosas", y del cual todo el Pueblo de Dios recibe la gracia y la dignidad de la elección *(Redemptor hominis, 4-3-1979, n. 22b).*

18 MAYO
Santos María Josefa del Sagrado Corazón, Rafaela María, Félix

María no sólo ha sido preservada del pecado original, sino que ha recibido *una **perfección admirable de santidad**.* Es la criatura ideal, como Dios la había soñado; una criatura en que jamás hubo el más pequeño obstáculo a la voluntad divina *(Audiencia General, 7-12-1983).*

19 MAYO
Santos Francisco Coll, Urbano I, Ivón, Celestino V

La gracia que María recibió es algo real, es la *gratia Christi*, que se le concedió anticipadamente en virtud de los méritos de la muerte de su Hijo. Es, en definitiva, el mismo Espíritu Santo. Así pues, decir de ella que está *llena de gracia* equivale a decir que está llena **del Espíritu Santo** (*Carta con ocasión del VII centenario del santuario mariano de la Santa Casa de Loreto, 15-8-1993*).

20 MAYO
Santos Bernardino de Siena, Lidia, Áurea

El Rosario, aunque se distingue por su carácter mariano, es una oración centrada en la cristología. En la sobriedad de sus partes, concentra en sí *la profundidad de todo el mensaje evangélico*, del cual es como un compendio. En él resuena la oración de María, su perenne *Magníficat* por la obra de la encarnación redentora en su seno virginal. Con él, el pueblo cristiano *aprende de María* a contemplar la belleza del rostro de Cristo y a experimentar la profundidad de su amor (*Rosarium Virginis Mariae*, 16-10-2002, n. 1.2).

21 MAYO
Santos Cristóbal Magallanes, Eugenio de Mazenod, Mancio de Évora

Todos los motivos que encontramos en **María** para tributarle culto son de Cristo, privilegios depositados en ella por Dios, para que fuera la Madre del Verbo. Y todo **el culto que le ofrece-**

mos redunda en gloria de Cristo, a la vez que el culto mismo a María nos conduce a Cristo *(Discurso en Zaragoza, 6-11-1982).*

22 MAYO
Santos Joaquina de Vedruna, Rita de Casia, Quiteria

La devoción mariana, cuando es auténtica, *conduce siempre a Cristo* e impulsa al cristiano a encarnar el Evangelio, sin demoras ni temores, en las cuestiones cotidianas de su vida. Como en Caná, María nos recuerda que en Cristo se halla el manantial de la alegría auténtica. Ella señala a su Hijo Jesús a cada uno y repite: "Haced lo que Él os diga" *(Homilía en Benevento, Italia, 2-7-1990).*

23 MAYO
Santos Lucio, Eutiquio

Seguid mirando hacia María. Imitad su abandono total a la voluntad divina. Vivir una espiritualidad mariana, como sabéis muy bien, significa **orientar la existencia, según el ejemplo de la Virgen, hacia Dios** Padre, siguiendo a Cristo, humilde y obediente, con la ayuda del Espíritu Santo *(Homilía en Capua, Italia, 24-5-1992).*

24 MAYO
María Auxiliadora. Santos Vicente de Lèrins, Simón Estilita, Juana

Es necesario que descubráis las razones profundas de la **presencia de María** en vuestras vidas **como modelo en el peregrinar de la fe** y hagáis así que afloren, a nivel personal y comunitario, los genuinos motivos devocionales que tienen su apoyo en las enseñanzas evangélicas *(Discurso en el santuario de la Virgen del Rocío, Huelva, 14-6-1993)*.

25 MAYO
Santos Beda, Gregorio VII, Mª Magdalena de Pazzi, Magdalena Sofía, Vicenta María

Es la fe cristiana, es la devoción a María, es el deseo de imitarla lo que da autenticidad a las manifestaciones religiosas y marianas de nuestro pueblo. Pero esa **devoción mariana** necesita ser esclarecida y alimentada continuamente con la **escucha y la meditación de la Palabra de Dios,** haciendo de ella la pauta inspiradora de nuestra conducta en todos los ámbitos de vuestra existencia cotidiana *(Discurso en el santuario de la Virgen del Rocío, Huelva, 14-6-1993)*.

26 MAYO
Santos Felipe Neri, Mariana de Jesús Paredes, Pedro Mártir Sans

Os invito a todos a hacer de este santuario *una verdadera escuela de vida cristiana*, en el que, bajo la protección maternal de María, bajo sus ojos maternos, la fe crezca y se fortalezca con la escucha de la **Palabra** de Dios, con la **oración** perseverante, con la recepción frecuente de los **sacramentos,** especialmente de la Penitencia y de la Eucaristía *(Discurso en el santuario de la Virgen del Rocío, Huelva, 14-6-1993).*

27 MAYO
Santos Agustín Cantérbury, Bruno, Bárbara Kim y Bárbara Yi

La verdadera devoción a la Virgen **María** os llevará a **imitar sus virtudes.** A través de ella y por su mediación, descubriréis a Jesucristo, su Hijo, Dios y hombre verdadero, que es el "único mediador entre Dios y los hombres" *(Discurso en el santuario de la Virgen del Rocío, Huelva, 14-6-1993).*

28 MAYO
Santos Justo de Urgel, Germán de París, Guillermo

De este amor brota la *maternidad espiritual* (cf. Ga 4, 19), fuente de vida para la Iglesia. El **ejemplo de María** Santísima, la Virgen de Nazaret, será siempre de especial **fecundidad espiritual** en vuestra vida consagrada y amparo seguro para vuestra entrega hecha por amor a Dios *(Discurso a las religiosas en Brasil, 18-10-1991).*

29 MAYO
Santos Bona, Gerardo, Maximino

María es la imagen más viva y la realización más perfecta del seguimiento y de la consagración al Señor. Virgen pobre y obediente, escogida por Dios, dedicada por entero a la misión de su Hijo. En ella, Madre de la Iglesia, brillan también todos los **carismas de la vida religiosa** *(Carta apostólica a los religiosos de América Latina, 29-6-1990, n 31).*

30 MAYO
Santos Fernando Rey,
Juana de Arco, Matías Mulumba.
Beata Matilde Téllez

¿No deberíamos unirnos a María especialmente nosotros **sacerdotes** que, como *pastores* de la Iglesia, debemos guiar también a las comunidades confiadas a nosotros, por el camino que desde el Cenáculo de Pentecostés sigue a Cristo a través de la historia del hombre? *(Carta a los sacerdotes, 25-3-1988).*

31 MAYO
Visitación de la Virgen María.
Santos Noé Mawaggali, Petronila, Silvio

María, movida por la caridad, se dirige a la casa de su pariente. Cuando entra, Isabel, al responder a su saludo y sintiendo saltar de gozo al niño en su seno, "llena de Espíritu Santo", a su vez saluda a María en alta voz: "Bendita tú entre las mujeres y bendito el fruto de tu seno". Esta exclamación o aclamación de Isabel entraría posteriormente en el *Ave María,* como una continuación del saludo del ángel. Parece ser de importancia fundamental lo que dice al final: *"¡Feliz la que ha creído* que se cumplirían las cosas que le fueron dichas de parte del Señor!". Estas palabras pueden ponerse junto al apelativo de "llena de gracia" del saludo del ángel. En ambos textos se revela un contenido mariológico esencial, o sea, la verdad sobre María, que ha llegado a estar realmente presente en el misterio de Cristo precisamente "porque ha creído" *(Encíclica "Redemptoris Mater", 12bc, 1987).*

JUNIO

1 JUNIO
Santos Justino, Fortunato, Iñigo, Próculo

El **amor que Dios** nos tiene es gratuito e inmerecido, y sobrepasa todo cuanto podríamos esperar o imaginar. No nos ama porque lo merezcamos o porque seamos dignos de su amor. Nos ama más bien porque es fiel a su propia naturaleza: "Dios es amor" (Jn 4, 16) *(Discurso en San Francisco, EE. UU., 17-9-1987).*

2 JUNIO
Santos Marcelino y Pedro, Eugenio I, Erasmo, Guido

Anunciad con empeño renovado la **fidelidad a Jesucristo,** el *Redentor del hombre.* Tened presente que quien ama al Señor con todas sus fuerzas, quien dedica a Dios sus mejores afanes, nada pierde; al contrario, lo adquiere todo, porque *su amor es pleno en nosotros... y nos ha dado su Espíritu* (1Jn 4, 12-13). *Pero eso exige ser "hombres nuevos" (Discurso a los jóvenes en Buenos Aires, Argentina, 11-4-1987).*

3 JUNIO
Santos Carlos Luanga, Juan Grande, Clotilde, Olivia

La mayor prueba del **amor de Dios** se manifiesta en el hecho de que nos ama en nuestra condición humana, con nuestras debilidades y nuestras necesidades. Ninguna otra razón puede explicar el **misterio de la cruz** *(Discurso en San Francisco, EE. UU., 17-9-1987).*

4 JUNIO
Santos Pedro Mártir de Verona, Francisco Caracciolo, Walter

¿Puede acaso una mujer olvidarse de su hijo pequeño, no *compadecerse* del hijo de sus entrañas? Aunque ellas se olvidaran, *yo no te olvidaría*" (Is 49, 15). **El amor de Dios es tierno y misericordioso,** paciente y lleno de comprensión, como *el amor compasivo de una madre (Discurso en San Francisco, EE. UU., 17-9-1987).*

5 JUNIO
Santos Bonifacio, Doroteo, Franco, Sancho

El primer derecho del hombre es el **derecho a la vida.** Hemos de defender este derecho y este valor. De lo contrario, toda la lógica de la fe en el hombre, todo el programa del progreso verdaderamente humano, se tambaleará y se vendrá abajo *(Homilía en St. Denis, Francia, 31-5-1980).*

6 JUNIO
Santos Norberto, Marcelino Champagnat, Rafael Guízar, Artemio y Paulina

Esta es nuestra apremiante misión: *testimoniar y anunciar el **Evangelio de la caridad**.* Fuera de Dios o, peor todavía, contra Dios, no se construye el verdadero bien del hombre, como muestra de modo significativo la historia de pueblos y naciones donde el ateísmo ha causado opresión del fuerte sobre el débil, falta de amor y de perdón, destrucciones, guerras y muerte *(Homilía en la parroquia romana de San Cleto, 28-1-1996).*

7 JUNIO
Santos Antonio Mª Gianelli, Roberto, Pedro. Beata Ana de S. Bartolomé

Sin olvidar la caridad material y la justicia social, debemos estar convencidos de que la **caridad** más sublime es la **espiritual,** o sea, el interés por la salvación de las almas *(Homilía a las Clarisas en Albano, Italia, 14-8-1979).*

8 JUNIO
Santos Maximino, Guillermo, Medardo

Una actividad de **apostolado** que no nazca del **amor por el templo y por Jesús sacramentado** degenera muy pronto en un activismo vacío y se contamina con ambiciones terrenas, al privarse de ese fundamento sobrenatural, el único que permite que la acción del apóstol penetre verdadera y duraderamente en las almas *(Alocución a los sacerdotes en Verona, Italia, 16-4-1988).*

9 JUNIO
Santos Efrén, Ricardo, Columba. Beato José de Anchieta

El *sacerdocio común* se funda en el sacramento del **Bautismo**. Todos los cristianos son sacerdotes en sentido verdadero y propio. La Revelación lo afirma con claridad. El Vaticano II reafirma la enseñanza bíblica, recuperando aspectos que, por distintas circunstancias, habían caído en la sombra *(Alocución dominical, 8-3-1987).*

10 JUNIO
Santos Landerico, Itamar, Bogumilo

El mandamiento de **amar a Dios** sobre todas las cosas **y al prójimo** como a sí mismo, tiene sus raíces en el Antiguo Testamento. Pero Jesús lo sintetiza, lo formula con palabras lapidarias y le da un significado nuevo, como signo de que sus discípulos le pertenecen. "En esto conocerán todos que sois mis discípulos: si os amáis los unos a los otros" (Jn 13, 35) *(Audiencia General, 5-1-1992).*

11 JUNIO
Santos Bernabé, María Rosa Molas, Alicia

La catequesis constituye, ciertamente, una

forma perenne y, al mismo tiempo, fundamental de la actividad de la Iglesia, en la que se manifiesta su carisma profético: testimonio y enseñanza van unidos *(Redemptor hominis, 4-3-1979, n. 19c)*.

12 JUNIO
Santos Juan de Sahagún, León III, Onofre
No se puede construir una "sociedad sin derecho y sin Estado", como pretenden ciertas utopías contemporáneas. Pero sí se puede construir una sociedad fundada en el amor, sí se puede y se debe tender a una **civilización universal del amor** *(Discurso a la Unión de Juristas Italianos, 6-12-1980)*.

13 JUNIO
Santos Antonio de Padua, Eulogio, Aquiles
Si la Iglesia quiere corresponder a su misión en esta etapa de la historia, sólo puede hacerlo poniéndose a la **escucha de la Palabra** de Dios, esto es, obedeciendo a la *palabra del Espíritu*, tal como ha llegado a la Iglesia mediante la Tradición y, directamente, a través del Magisterio del último Concilio *(Mensaje a la Conferencia Episcopal Alemana, 15-5-1980)*.

14 JUNIO
Santos Eliseo, Anastasio, Fortunato, Metodio
La Confirmación es, para vosotros, vuestro

Pentecostés personal. Vosotros recibís la efusión del Espíritu Santo que el Señor resucitado mandó a los Apóstoles el día de Pentecostés. Cada uno de los bautizados debe acoger, en su historia de creyente, el momento y el misterio de Pentecostés: éste realiza y perfecciona el don del bautismo *(Homilía en Turín, Italia, 2-9-1988).*

15 JUNIO
Santos María Micaela, Amós, Germana, Benidle, Vito

El cristianismo no es sólo una doctrina; **es**, ante todo, **una Persona: Jesucristo,** que debe ser amado y, en consecuencia, imitado y realizado en la vida de cada día mediante la fe total en su palabra, la vida de la gracia, la oración y la caridad hacia los hermanos *(Discurso al Concurso Veritas, 25-11-1979).*

16 JUNIO
Santos Quirico y Julita, Lutgarda, Aureliano

Lo que realmente importa en la vida es que **somos amados por Cristo** y que nosotros, en respuesta, le amamos. En comparación con el amor de Jesús, todo lo demás es secundario. Y sin el amor de Jesús, todo es vano *(Alocución a los fieles en Filadelfia, EE. UU., 4-10-1979).*

17 JUNIO
Santos Teresa de Portugal, Avito, Domingo Nguyen

Nosotros amamos porque Él nos amó primero (1Jn 4, 19): la medida de nuestro amor no podemos encontrarla sólo en la débil capacidad del corazón humano; debemos **amar con la medida del Corazón de Cristo;** si no, nos quedaremos cortos para corresponder a su amor *(Discurso a los jóvenes en Buenos Aires, Argentina, 11-4-1987).*

18 JUNIO
Santos Marcos y Marcelino, Ciriaco y Paula, Gregorio Barbarigo

El amor de Cristo es más poderoso que el pecado y la muerte. San Pablo explica que **Cristo** vino a perdonar el pecado, y que **su amor es más grande que cualquier pecado**, más poderoso que todos mis pecados personales o que los de cualquier persona *(Discurso en San Francisco, EE. UU., 17-9-1987).*

19 JUNIO
Santos Romualdo, Gervasio y Frotasio, Lamberto, Juliana

En un mundo desgarrado por divisiones, conflictos y antagonismos ideológicos, podéis sentir el ansia de cambios, podéis soñar con un **"mundo reconciliado"**. Pero antes es preciso confrontar esos impulsos con el Corazón de Cristo: "¡Aprended de mí!". Es preciso tener un corazón manso y humilde, un *corazón reconciliado con Dios, consigo mismo y con el mundo (Discurso a los jóvenes en Cabo Verde, 26-1-1990).*

20 JUNIO
Santos Florentina de Cartagena, Metodio, Juan de Mateola

El sacramento de la **Penitencia** es un don que brotó del Corazón traspasado del Salvador, un don que ha sido durante siglos, y lo es también hoy, fuente de renovación y de paz interior y exterior, instrumento de maduración y de crecimiento, escuela de santidad, palestra de nuevas vocaciones *(Audiencia General, 5-10-1983).*

21 JUNIO
Santos Luis Gonzaga, Ramón de Roda, José Isabel Flores

El **Bautismo** significa y produce una incorporación mística pero real al cuerpo crucificado y glorioso de Jesús. Mediante este sacramento, Jesús une al bautizado con su muerte para unirlo a su resurrección (cf. Rm 6, 3-5); lo despoja del *hombre viejo* y lo reviste del *hombre nuevo,* es decir, de Sí mismo *(Christifideles laici, 30-12-1988, n. 12b).*

22 JUNIO
Santos Paulino de Nola, Juan Fisher y Tomás Moro

Sí, el amor manifestado en la palabra y la vida del Redentor es lo primero en toda vida cristiana. **Seremos juzgados sobre el amor.** Es necesario tener la valentía de meditar en estas palabras tan serias de San Juan: Quien ama a su hermano permanece en la luz (...). Pero quien aborrece a su hermano está en las tinieblas, camina en las tinieblas, no sabe a dónde va (1Jn 2, 10-11) *(Discurso a la Asamblea plenaria del Consejo Pontificio Cor Unum, 27-10-1995).*

23 JUNIO
Santos José Cafasso, Edeltrudis, Tomás Garnet

Es necesario que el descanso dominical y festivo no pierda su carácter originario y adquiera todo su profundo significado de **celebración del día del Señor,** que es también día de a Eucaristía y de la Iglesia, de la oración común y de la escucha de la divina Palabra *(Discurso a los obispos de Cerdeña, Italia, en Visita ad Limina, 9-1-1987).*

24 JUNIO
Natividad de San Juan Bautista.
Santos Simplicio, Rumoldo

El pecado es obra de la libertad del hombre; mas dentro de su mismo peso humano obran factores por razón de los cuales el pecado se sitúa más allá de lo humano, en aquella zona límite donde la conciencia, la voluntad y la sensibilidad del hombre están en contacto con las oscuras fuerzas que, según San Pablo, obran en el mundo hasta enseñorearse de él *(Reconciliatio et paenitentia, 2-12-1984, n. 14a)*.

25 JUNIO
Santos Máximo de Turín, Próspero de Aquitania, Orosia, Domingo Henares

Existe la tentación de sustituir el "carácter divino" de la imagen y semejanza de Dios, otorgada al hombre por su Creador, por la **"divinización" del hombre frente a Dios** (o sin Dios), como aparece claramente en las concepciones ateas de algunos sistemas actuales *(Homilía a los jóvenes en Munich, 19-11-1980)*.

26 JUNIO
Santos Pelayo, Josemaría Escrivá, José Mª Robles

Todas las formas de pobreza que sufrís vosotros y tantas otras familias **son un escándalo.** Y un escándalo insoportable cuando se descubre que estas situaciones de pobreza son el resultado de la libertad de individuos y naciones pervertidos en el **egoísmo,** en el poder dominante, en los comportamientos indiferentes o incluso discriminatorios *(Discurso al Movimiento Ayuda a los Desamparados, 27-7-1989).*

27 JUNIO
Santos Cirilo de Alejandría, Zoilo.
Ntra. Sra. del Perpetuo Socorro

La **reconciliación con Dios,** a la vez que devuelve al hombre la unidad íntima, rota con el gran mal del pecado, elimina las barreras levantadas en medio de la comunidad de los hombres. La reconciliación con Dios se revela como el cimiento más sólido para la reconciliación entre los hombres *(Alocución a peregrinos de Bolonia, 29-10-1983).*

28 JUNIO
Santos Ireneo de Lyon, Argimiro, Pablo I,
Lucía Wang-Cheng

Junto al **Corazón de Cristo,** el corazón del hombre aprende a conocer el sentido verdadero y único de su vida y de su destino, a comprender el valor de una vida auténticamente cristiana, a evitar ciertas perversiones del corazón humano, a unir el amor filial hacia Dios con el amor al prójimo *(Carta al general de los jesuitas, 5-10-1986).*

29 JUNIO
SANTOS PEDRO Y PABLO APÓSTOLES,
Emma, Siro

A la cabeza de los Doce, estableció Cristo a **Pedro**, como **fundamento de la Iglesia** y Pastor universal de todas las almas, con el encargo de "confirmar a los hermanos", contando con la asistencia especial del Señor para no errar en la doctrina sobre fe y moral *(Discurso a los jóvenes en la Audiencia General, 1-2-1979).*

30 JUNIO
Santos Protomártires de Roma, Marcial, Ladislao, Adolfo

Nuestro corazón debe configurarse según el **Corazón de Cristo:** Él es el Corazón y el centro de la única y definitiva autocomunicación de Dios a los hombres. Cristo es la verdad definitiva de Dios Padre; de Él recibe todo el cuerpo fuerza para crecer, de modo que se edifique en la caridad (cf. Ef 4, 18) *(Homilía, 28-8-1988).*

JULIO

1 JULIO
Santos Aarón, Nicasio, Justino Orona y Atilano Cruz
Con la **mirada puesta en Dios,** podéis y debéis santificaros sin apartaros de vuestras ocupaciones diarias, en el campo, en la familia, en el trato de amistad, en las diversiones, en el descanso *(Discurso en Bahía Blanca, Argentina, 7-4-1987).*

2 JULIO
Santos Bernardino Realino, Liberato, Monegunda
La ciencia es buena en sí misma, pues consiste en el conocimiento del mundo, que es bueno, creado y contemplado por el Creador con satisfacción *(Discurso a la Sociedad Europea de Física, 30-8-1979).*

3 JULIO
Santos Tomás Apóstol, Heliodoro, León
La conciencia es el núcleo más secreto y el sagrario del hombre, en el que éste se siente a solas con Dios, cuya voz resuena en el recinto más íntimo de aquélla *(Angelus, 14-8-1982).*

4 JULIO
Santos Isabel de Portugal, Valentín de Berriochoa, Berta. Beato Pedro Jorge Frassati

La cultura es la búsqueda fundamental de lo bello, de lo verdadero, del bien que expresa de la mejor manera al hombre como "sujeto portador de la trascendencia de la persona"; que le ayuda a ser lo que debe "ser" y no sólo a valorarse por lo que "tiene" o por lo que "posee" *(Homilía en Laval, Canadá, 9-9-1984).*

5 JULIO
Santos Antonio M. Zaccaría, Marta

En una sociedad genuinamente democrática, el **respeto a las minorías** sigue siendo la piedra angular de una verdadera armonía cívica y del crecimiento como nación *(Discurso al Embajador de Belice, 29-5-1989).*

6 JULIO
Santos María Goretti, Rómulo, Paladio

La familia tiene el derecho de vivir libremente su propia vida religiosa doméstica bajo la guía de los padres; también tiene el derecho de profesar públicamente y defender la fe, de tomar parte en el culto público y de elegir libremente programas e instituciones religiosas sin sufrir discriminación *(Carta de los derechos de la familia, 24-11-1983, art. 7).*

7 JULIO
Santos Fermín, Odón, Edilburga

El **verdadero desarrollo** *no puede* consistir en una mera acumulación de riquezas o en la mayor disponibilidad de los bienes y de los servicios, si esto se obtiene a costa del subdesarrollo de muchos, y sin la debida consideración por la dimensión social, cultural y espiritual del ser humano *(Sollicitudo rei socialis, 6-8-1987, 9i).*

8 JULIO
Santos Áquila y Priscila, Adrián, Pancracio

Junto a la celebración eucarística, hace falta promover también otras formas de *oración comunitaria*, ayudando a descubrir la relación entre esta y la oración litúrgica. En particular, manteniendo viva la tradición de la Iglesia latina, se han de promover las diversas manifestaciones del **culto eucarístico** fuera de la Misa: adoración personal, exposición y procesión, que se han de concebir como expresión de fe en la presencia real y permanente del Señor en el Sacramento del altar (*Ecclesia in Europa*, 28-06-2003, n. 78).

9 JULIO
Santos Juan de Colonia, Verónica Giuliani. Ntra. Sra. del Rosario de Chiquinquirá

Hay una ley moral inscrita en la conciencia misma del hombre que impone respetar los derechos del Creador y del prójimo y la dignidad de la propia persona: ley que se expresa prácticamente con los "diez mandamientos" *(Homilía en la parroquia romana de Jesús Obrero Divino, 25-10-1981).*

10 JULIO
Santas Amalia, Rufina, Segunda, Anatolia y Victoria

Con sus cualidades específicamente femeninas, también la **mujer** está llamada a construir un mundo nuevo, participando en la vida social y en la vida y santidad de la Iglesia. Es importante que, en su fundamental igualdad con el hombre, no pierda de vista su complementariedad y, sobre todo, su máxima nobleza: "ser imagen y semejanza de Dios" *(Mensaje para la Campaña de la Fraternidad en Brasil, 28-2-1990).*

11 JULIO
Santos Benito, Pío I, Olga, Marciano, Marciana

(Pablo VI) intentaba llamar la atención de los cristianos y de todos los hombres de buena voluntad, que buscan el bien, la concordia y la unidad de **Europa,** a la actualidad siempre viva de las eminentes figuras de **Benito,** de Cirilo y Metodio, como modelos concretos y ayuda espiritual para los cristianos de nuestra época y, especialmente, para las naciones del continente europeo, que, desde hace ya tiempo, sobre todo gracias a la oración y a la labor de estos santos, se han arraigado consciente y originalmente en la Iglesia y en la tradición cristiana *(Encíclica "Slavorum apostoli", 2 a. 1985).*

12 JULIO
Santos Ignacio Clemente Delgado, Juan Gualberto, Juan Jones y Juan Wall

No hay **pecado** que no pueda ser perdonado, si nos acercamos al trono de la gracia con un corazón contrito y humillado. Ningún mal es más poderoso que la infinita **misericordia de Dios** *(Homilía en la catedral de Liverpool, Gran Bretaña, 10-5-1982).*

13 JULIO
Santos Enrique, Teresa de J. de los Andes, Silas, Esdras. B. Jacobo de Varazze

También reafirmó el Concilio el derecho de la **Iglesia** a fundar sus **propias escuelas,** un derecho que es de gran importancia para salvaguardar la libertad de conciencia, para proteger los derechos de los padres y para desarrollar la cultura (cf. *Gravissimum educationis,* 8) *(Discurso a los obispos canadienses en Ontario, 26-4-988).*

14 JULIO
Santos Camilo, Francisco Solano, Tuscana

Hay una *contaminación de las ideas y de las*

costumbres que puede conducir a la *destrucción del hombre. Esta contaminación es* **el pecado,** *de donde nace la mentira (Discurso en la IV Jornada Mundial de la Juventud en Santiago, 19-8-1989).*

15 JULIO
Santos Buenaventura, Pompilio Mª Pirrotti, Vladimiro

Dios se hizo hombre a fin de que el **hombre pudiese participar** realmente de la **vida de Dios,** más aún, pudiese llegar a ser él mismo, en cierto sentido, Dios *(Audiencia General, 2-9-1987).*

16 JULIO
Ntra. Sra. del Carmen. Santos Reinilda, Grimoaldo y Gondulfo

En el **Carmelo,** y en cada alma profundamente carmelitana, florece una vida de intensa comunión y familiaridad con la Virgen Santa, como "nueva manera" de vivir para Dios y de continuar aquí en la tierra el amor del Hijo Jesús a su Madre María *(Angelus, 24-7-1988).*

17 JULIO
Santos Justa y Rufina, Marcelina, Alejo, Jacinto

Los miembros de la familia carmelitana tienen siempre ante los ojos del corazón a la **Virgen**

purísima, invocada como Estrella del Mar y Flor del Carmelo, Madre y Guía en el camino de la santidad, y comprenden que la más auténtica forma de devoción a ella, expresada mediante el humilde signo del escapulario, es a consagración a su Corazón Inmaculado *(Mensaje a la Orden del Carmen, 25-3-2001).*

18 JULIO
Santos Arnulfo, Teodosia, Bruno, Federico

La Eucaristía y la Penitencia son dos sacramentos estrechamente vinculados entre sí. La Eucaristía, al hacer presente el Sacrific o redentor de la Cruz, perpetuándolo sacramentalmente, significa que de ella se deriva una exigencia continua de conversión... Así pues, si el cristiano tiene conciencia de un pecado grave, está obligado a seguir el itinerario penitencial, mediante el sacramento de la Reconciliación, para acercarse a la plena participación en el Sacrificio eucarístico (*Ecclesia de Eucharistia*, 17-04-2003, n. 37).

19 JULIO
Santos Epafras, Macrina, Áurea, Belnoldo

En la **cruz** se renueva y realiza en su plena y definitiva perfección el prodigio de la serpiente levantada por Moisés en el desierto (cf. Jn 3, 14-15; Nm 21, 8-9). También hoy, dirigiendo la mirada a Aquel que atravesaron, todo hombre amenazado en su existencia encuentra la esperanza segura de liberación y redención *(Evangelium vitae, 25-3-1995, 50d)*.

20 JULIO
Santos Apolinar, Elías, José M. Díaz Sanjurjo, Marina, Aurelio

La Iglesia sabe que **la razón y la fe** deben estar articuladas entre sí. La razón sin la fe es puro positivismo o cientificismo. Sabemos que la razón es incapaz de proporcionar respuestas a las preguntas fundamentales, a esas que realmente necesitan una respuesta *(Discurso al Congreso Científico, 26-9-1987)*.

21 JULIO
Santos Lorendo de Brindis, Práxedes, Víctor, Alberico

Si es cierto –y nadie lo pone en duda– que **la verdad sirve a la causa de la paz,** es también indiscutible que la "no verdad" camina a la par con la causa de la violencia y de la guerra *(Mensaje para la Jornada Mundial de la Paz, 1-1-1980)*.

22 JULIO
Santos María Magdalena, Anastasio, Cirilo, Gualterio (Walter)

La **solidaridad** también significa compartir los

bienes materiales con otros, especialmente con los pobres de este mundo, hacia los que deberíamos tener un amor preferencial *(Discurso a los obispos del Canadá Atlántico en Visita ad Limina, 27-9-1988).*

23 JULIO
Santos Brígida, Ezequiel, Juan Casiano, Severo. B. Margarita Maturana

El trabajo responde *al designio y a la voluntad de Dios. Dios llama al hombre a trabajar* para que se asemeje a Él. El trabajo no constituye, pues, un hecho accesorio ni menos una maldición del cielo. Es, por el contrario, una bendición primordial del Creador, una actividad que permite al individuo realizarse y ofrecer un servicio a la sociedad *(Discurso en Barcelona, 7-11-1982).*

24 JULIO
Santos Sarbelio, José Fernández, Cristina, Balduino, Boris y Gleb

Hay **menos ateos** declarados, pero hay muchos no creyentes, muchas personas que viven como si Dios no existiese y que se sitúan fuera de la problemática fe-no creencia, como si Dios hubiese desaparecido de su horizonte existencial *(Discurso, 5-3-1988).*

25 JULIO
Santos Santiago el Mayor, Cucufate, Cristóbal, Olimpia

Santiago fue el primero de los Apóstoles que sufrió el martirio: el Apóstol que desde hace siglos es venerado por toda España, Europa y la Iglesia entera, aquí en Compostela. Santiago era hermano de Juan Evangelista. Y éstos fueron los dos discípulos a quienes Jesús hizo esta pregunta: "¿Podéis beber el cáliz que yo tengo que beber?". Y ellos respondieron: "Podemos". Era la palabra de la disponibilidad, de la valentía; una actitud muy propia de los jóvenes, pero no sólo de ellos, sino de todos los cristianos, y en particular de quienes aceptan ser apóstoles del Evangelio. La generosa respuesta de los dos discípulos fue aceptada por Jesús: "Mi cáliz lo beberéis". Estas palabras se cumplieron en Santiago, hijo del Zebedeo, que con su sangre dio testimonio de la resurrección de Cristo en Jerusalén *(Homilía en la catedral compostelana. 9 noviembre 1982).*

26 JULIO
Santos Joaquín y Ana, Jorge Precca

El *anciano* constituye una presencia muy valiosa para la familia y para la sociedad. Vosotros, los ancianos, sois los custodios de un patrimonio riquísimo de valores y experiencias. No lo mantengáis guardado dentro de vosotros; al contrario, comunicadlo a los más jóvenes con sabiduría y discreción; sin duda, os lo agradecerán *(Alocución en Pannonhalma, 6-9-1996)*.

27 JULIO
Santos Celestino I, Pantaleón, Juliana y Semproniana. B. Tito Brandsma

Una vez más repito que el cristianismo comprende y reconoce la noble y justa **lucha por la justicia** a todos los niveles, pero prohíbe buscar soluciones por caminos de odio y de muerte *(Homilía en Loyola, 6-11-1982)*.

28 JULIO
Santos Víctor I, Melchor de Quirós, Pedro Poveda. Nazario y Celso

La *eutanasia legalizada* profundiza y agrava el desprecio a la vida, que comenzó con las leyes que permiten el aborto. Cuando se autoriza suprimir a la persona que ha de nacer, *no deseada*, se puede terminar permitiendo eliminar al enfermo terminal, al anciano e, incluso, al joven delincuente que amenaza la tranquilidad urbana *(Discurso a los obispos brasileños de la región Sur-2 en Visita ad Limina, 17-2-1995)*

29 JULIO
Santos Marta de Betania, Urbano II, Félix, Próspero

La caridad requiere una disponibilidad para servir al prójimo. Y en la Iglesia de todos los tiempos siempre han sido muchos los que se dedican a este servicio. Podemos decir que **ninguna sociedad** religiosa ha suscitado **tantas obras de caridad como la Iglesia** *(Audiencia general, 3-6-1992).*

30 JULIO
Santos Pedro Crisólogo, Abdón y Senén, Julita

Cada uno de nosotros debe ser consciente de reunir a la comunidad no *alrededor de sí mismo, sino de Cristo,* y no para sí mismo, sino para Cristo, para **que Él mismo pueda actuar en esta comunidad y a la vez en cada uno,** con el poder de su Espíritu Paráclito, y según el "don" recibido por cada uno de este Espíritu "para el provecho común" *(Carta a los sacerdotes, 12-3-1989, n. 5).*

31 JULIO
Santos Ignacio de Loyola, Fabio, Elena

Todo deberá mirar al objetivo prioritario del *fortalecimiento de la fe y del testimonio de los cristianos.* Es necesario suscitar en cada fiel un **verdadero anhelo de santidad,** un fuerte deseo de conversión y de renovación personal en un clima de oración cada vez más intensa y de solidaria acogida del prójimo, especialmente del más necesitado (*Tertio millennio adveniente,* 10-11-1994, n. 42).

AGOSTO

1 AGOSTO
Santos Alfonso Mª de Ligorio, Félix
Una Iglesia no está viva, no está única, no es más fuerte que cuando sus miembros tienen una vida interior, una vida espiritual, es decir, una vida enlazada con el Espíritu de Dios, una **vida de oración** *(Homilía en Abidjan, 10-5-1980)*.

2 AGOSTO
Santos Eusebio, Pedro Julián Eymard. B. Juana de Aza. Ntra. Sra. de los Ángeles
El Espíritu de Jesucristo es la fuente y el camino para edificar una **civilización del amor,** que sea capaz de asegurar una vida digna del ser humano, al mayor número posible de personas sobre esta tierra *(Homilía en Innsbruck, Austria, 27-6-1988)*.

3 AGOSTO
Santos Martín, Eufronio, Pedro
El **diálogo** es un medio con el que las personas se manifiestan mutuamente y se descubren las esperanzas de bien y las esperanzas de **paz** que con demasiada frecuencia están ocultas en sus

corazones *(Mensaje para la Jornada Mundial de la Paz, 8-12-1985)*.

4 AGOSTO
Santos Juan M. Vianney, Jacinto, Rainiero, Aristarco

El Cura de Ars ofrecía su vida, constantemente unido a Dios en la oración, devorado por el servicio espiritual a sus fieles, marcado secretamente por las penitencias personales aceptadas por su conversión y su propia salvación. Trató de imitar a Cristo hasta el límite de sus posibilidades. Se hizo no sólo sacerdote, sino víctima y ofrenda, como Jesús *(Homilía en Ars, 6-10-1986)*.

5 AGOSTO
Dedicación Basílica Santa María la Mayor, Virgen de las Nieves, Virgen Blanca

María vive mirando a Cristo y tiene en cuenta cada una de sus palabras: "Guardaba todas estas cosas, y las meditaba en su corazón". Los recuerdos de Jesús, impresos en su alma, la acompañaron en todo momento, llevándola a recorrer con el pensamiento los distintos episodios de su vida junto al Hijo. Fueron estos recuerdos los que constituyeron, en cierto sentido, el **"Rosario"** que ella recitaba constantemente en los días de su vida terrenal. Y también ahora, entre los cantos de alegría de la Jerusalén celestial, permanecen intactos los motivos de su acción de gracias y su alabanza. Ellos inspiran su solicitud materna hacia la Iglesia peregrina, en la que sigue desarrollando a trama de su "papel" de **evangelizadora**. *(Carta "Rosarium virginis Mariae, n. 11. 2002).*

6 AGOSTO
Transfiguración del Señor.
Santos Justo y Pastor, Hormisdas

Misterio de luz por excelencia es la **Transfiguración,** que según la tradición tuvo lugar en el Monte Tabor. La gloria de la divinidad resplandece en el rostro de Cristo, mientras el Padre lo acredita ante los apóstoles extasiados para que lo "escuchen" y se dispongan a vivir con Él en el momento doloroso de la Pasión, a fin de llegar con Él a la alegría de la Resurrección y a una vida transfigurada por el Espíritu Santo *(Carta "Rosarium Virginis Mariae, n. 21. 2002).*

7 AGOSTO
Santos Sixto II, Cayetano, Alberto, Donato, Afra, Miguel de la Mora

Sentíos enviados a la urgente tarea de ***anunciar el Evangelio*** *a cuantos os rodean.* Cristo conoce vuestra fragilidad y limitación, pero al mismo tiempo os dice: ¡Ánimo, no temáis! "Yo estoy con vosotros todos los días hasta el fin del mundo" (Mt 28, 20) *(Homilía a los jóvenes en San Juan de Lagos, México, 8-5-1990).*

8 AGOSTO
Santos Domingo de Guzmán,
Bonifacia Rodríguez, Ciriaco

Siguiendo a **Santo Domingo,** Santo Tomás fue no sólo el maestro, sino también el ejemplar de vida de sabiduría, hacia la cual ha podido mirar siempre la Orden de Santo Domingo como hacia un espejo de su propia "función profética", la cual consiste en "anunciar por todas partes el Evangelio de Jesucristo con la palabra y el ejemplo", según el texto de vuestra constitución fundamental. (Hijos de Domingo), sed fieles a esta **misión de teología y sabiduría** de vuestra Orden. Vuestra función teológica garantiza a la Orden una relación vital con la comunidad eclesial, por lo que la variedad y la riqueza de los carismas están ordenados a la unidad mediante el Espíritu Santo, con miras a la edificación del Cuerpo de Cristo *(Discurso al Capítulo General de los dominicos, 1983).*

9 AGOSTO
Santos Teresa Benedicta de la Cruz
(Edith Stein), Román

Nos inclinamos ante el testimonio de la vida y la muerte de **Edith Stein.** Una personalidad que reúne en su vida una síntesis dramática de nuestro siglo. Síntesis de una historia llena de heridas profundas. Síntesis, al mismo tiempo, de la verdad plena sobre el hombre, en un corazón que estuvo inquieto e insatisfecho hasta que encontró descanso en Dios *(Homilía en su beatificación, Colonia, 1-5-1987).*

10 AGOSTO
Santos Lorenzo, Blano

El hombre puede intentar hacerse "indiferente" con relación al **pecado.** Puede tratar de "neutralizar" el pecado, como constatamos con frecuencia que sucede en el mundo contemporáneo. Sin embargo, el pecado jamás resultará "indiferente" para Dios. Dios es "sensible" al pecado, hasta la cruz de su Hijo en el Gólgota *(Ángelus, 23-2-1986).*

11 AGOSTO
Santos Clara, Susana, Rufino, Alejandro

Desempeñáis un papel esencial en el apostolado de la comunidad eclesial, sosteniendo la actividad de cuantos trabajan en las múltiples fronteras de la evangelización. Proseguid este itinerario de **santificación y fidelidad** al Evangelio con constancia y alegría, con docilidad al Espíritu Santo y celo misionero, en la escucha a Dios y en la comunión fraterna de los corazones *(Discurso a las Clarisas en Catanissetta, Italia, 10-5-1993).*

12 AGOSTO
Santos Juana F. de Chantal, Aniceto y Focio. Beata Victoria Díez

El distanciamiento creciente de muchos hombres frente a la doctrina cristiana y frente a la Iglesia plantea al **obispo** la tarea urgentísima de ser ante todo *testigo de la fe*, profesar y enseñar valientemente con sus sacerdotes y catequistas la fe católica, conservándola en su pureza original *(Discurso a los obispos de Escandinavia, en Visita ad Limina, 26-2-1987)*.

13 AGOSTO
Santos Ponciano e Hipólito, Máximo el Confesor, Radegunda, Benildo

Todo hombre, creado por Dios y redimido con la sangre de Cristo, está llamado a ser regenerado "por el agua y el Espíritu" (cf. Jn 3, 5) y a ser "hijo en el Hijo". En este designio eficaz de Dios está el fundamento de la dimensión constitutivamente religiosa del ser humano, intuida y reconocida también por la simple razón: **el hombre está abierto a lo trascendente** *(Pastores dabo vobis, 25-3-1992, n. 45a)*.

14 AGOSTO
Santos Maximiliano Mª Kolbe, Marcelo, Arnulfo

El **sufrimiento** capacita para la santidad, dado que encierra grandes posibilidades apostólicas y tiene un valor salvífico excepcional cuando va unido a los sufrimientos de Cristo (*Discurso a los jóvenes minusválidos en Santiago de Compostela, 19-8-1989*).

15 AGOSTO
ASUNCIÓN DE LA VIRGEN MARÍA.
Santos Tarsicio, Luis, Manuel, Salvador y David
En el misterio de la **Asunción** se expresa la fe de la Iglesia, según la cual María "está también íntimamente unida" a Cristo porque, aunque como madre-virgen estaba singularmente unida a él en su primera venida, por su cooperación constante con él, lo estará también a la espera de la segunda; "redimida de modo eminente, en previsión de los méritos de su Hijo", ella tiene también aquella función, propia de la madre, de mediadora de clemencia en la venida definitiva, cuando todos los de Cristo revivirán, y "el último enemigo en ser destruido será la muerte" (1Co 15, 26) (*Redemptoris Mater*, 25-03-1987, n. 41).

16 AGOSTO
Santos Esteban de Hungría, Roque, Teodoro
María es madre: madre de Cristo y madre nuestra. Su función maternal "dimana de la superabundancia de los méritos de Cristo; se apoya en la mediación de éste, depende totalmente de ella y de la misma saca todo su po-

der" (LG, 60). Con respecto a los creyentes, su función es ser "nuestra madre en el orden de la gracia" (ib., 61) *(Audiencia General, 30-12-1992).*

17 AGOSTO
Santos Jacinto de Polonia, Beatriz de Silva, Eusebio, Clara de Montefalco

Todo hombre es sujeto de derechos fundamentales, anteriormente al reconocimiento que de ellos haga la autoridad política e independientemente de ella. Si el **hombre** ha sido creado a imagen de Dios, tiene una **dignidad innata** que ningún Imperio o Estado puede obstaculizar o negar *(Discurso al XXI Simposio de la Unión Europea de Radiodifusión, 3-10-1985).*

18 AGOSTO
Santos Alberto Hurtado, Elena. Beato Manés de Guzmán

La **humanidad de Cristo,** glorificada por la resurrección, se convierte en el verdadero templo de Dios, "porque en él reside toda la plenitud de la divinidad corporalmente" (Col 2, 9); se transforma en el "lugar" único que Dios ha elegido para hacerse presente y revelarse al hombre con su santidad y misericordia *(Homilía en la parroquia romana de Todos los Santos, 3-3-1991).*

19 AGOSTO
Santos Juan Eudes, Ezequiel Moreno, Luis, Sixto, Magín

La **seguridad** fundada en las **armas** no ha conseguido librar al continente de guerras fratricidas, en el pasado; no hay razones para pensar que obtendrá más éxito en el futuro. A la seguridad ilusoria del equilibrio de fuerzas le debe sustituir una seguridad más sólida: la de la ley, la justicia y la libertad *(Discurso a los parlamentarios europeos, 13-11-1980)*.

20 AGOSTO
Santos Bernardo, Samuel, Leovigildo, Cristóbal

La Teología, *intellectus fidei*, está arraigada en la fe. **Sin la fe, no hay Teología.** Por eso el teólogo debe ser un hombre de fe, con la certeza de que la verdadera fe es siempre la que profesa la Iglesia. Por una profunda connaturalidad, su inteligencia concordará con el misterio cristiano. Como consecuencia, ha de ser, de manera especial, un hombre de oración *(Discurso a los miembros de la Comisión Teológica Internacional, 2-12-1994)*.

21 AGOSTO
Santos Pío X, Ciriaca, José Dang Dinh

La Iglesia es propiedad de Cristo, no de Pedro. Corderos y ovejas pertenecen a Cristo, y a nadie más. Le pertenecen como a "buen Pastor", que "da su vida por las ovejas" (Jn 10-11). Pedro debe ejercer el ministerio pastoral con respecto a los redimidos "con la sangre preciosa de Cristo" (1P 1, 19) *(Audiencia general, 9-12-1992).*

22 AGOSTO
María Reina. Santos Sinforiano, Felipe Benizi, Juan Kemble

María ha sido la primera entre aquellos que, "sirviendo a Cristo en los demás, conducen en humildad y paciencia a sus hermanos al Rey, cuyo servicio equivale a **reinar,** y ha conseguido plenamente aquel "estado de libertad real", propio de los discípulos de Cristo. ¡Servir quiere decir reinar! *(Redemptoris Mater, 25-3-1987, n. 41c).*

23 AGOSTO
Santos Rosa de Lima, Eugenio, Abundio e Ireneo

Si queremos resumir brevemente la doctrina moral contenida en la *Humanae vitae,* dice 'sí' a la **paternidad responsable;** dice 'no' a lo que es contrario al designio de Dios sobre el amor conyugal; dice 'no', en particular, a todo lo que es contracepción artificial. Y dice 'no' de una forma decidida y clara *(Alocución a sacerdotes, 22-3-1984).*

24 AGOSTO
Santos Bartolomé Apóstol, Jorge, Juana Antita Thouret, Emilia de Vialar

La unidad de la Iglesia no resulta del origen y del idioma comunes, sino del Espíritu de Pentecostés, que, acogiendo en un solo pueblo a **gentes de habla y de naciones distintas,** confiere a todos la fe en el mismo Señor y la llamada a la misma esperanza *(Mensaje para la Jornada de los Emigrantes, 5-8-1987).*

25 AGOSTO
Santos Luis IX de Francia, José de Calasanz. Beato Luis Urbano

El verdadero **desarrollo** debe fundarse *en el amor a Dios y al prójimo*, y favorecer las relaciones entre los individuos y las sociedades. Esta es la "civilización del amor", de la que hablaba con frecuencia el papa Pablo VI *(Solicitudo rei socialis, 30-12-1987, 33h).*

26 AGOSTO
Santos Teresa de J. Jornet, Melquisedec. Beato Junípero Serra

Solamente **la familia** puede hacer que el anciano no se sienta afligido por ese vacío afectivo que produce en él el sentimiento amargo de la propia inutilidad y de la ausencia de significado de la propia vida *(Discurso, 28-3-1987).*

27 AGOSTO
Santos Mónica, Cesáreo de Arlés, Amadeo, David Lewis

La oración, que es el alma del movimiento ecuménico, sirve para purificar nuestros esfuerzos de motivaciones secundarias o contingentes, y los sitúa firmemente en el ámbito de la obediencia a Cristo, el Mayoral de las ovejas (cf. 1P 5, 4) *(Discurso a una delegación ecuménica de Constantinopla, 29-6-1992).*

28 AGOSTO
Santos Agustín, Julián, Hermes, Alejandro

San Agustín es un hombre incomparable, de quien todos nos sentimos de alguna manera discípulos e hijos. Una vez más manifiesto el vivo deseo de que se estudie su doctrina y de que se imite su celo pastoral, para que el magisterio de un doctor tan excelso y de un pastor tan celoso continúen en la Iglesia y en el mundo en beneficio de la cultura y de la fe" *(Carta Apostólica Augustinum Hipponensem, 28-8-1986, V).*

29 AGOSTO
Martirio de San Juan Bautista. Santos Sabino, Víctor, Adelfo

Nuestra sociedad se ha alejado de la plena verdad sobre el hombre, de la verdad sobre lo que el hombre y la mujer son como personas. Por eso no sabe comprender lo que son verdaderamente la entrega de las personas en el **matrimonio,** el amor responsable al servicio de la paternidad y la maternidad, la auténtica grandeza de la generación y la educación *(Carta a las familias, 2-2-1994, n. 20,i).*

30 AGOSTO
Santos Juana Jugan, Félix y Adauto, Margarita Ward

La tarea de la *nueva evangelización* es el gran reto de la Iglesia de hoy. Se trata de evangelizar *para* la Eucaristía, *en* la Eucaristía y *desde* la Eucaristía, pues la proclamación de la Palabra de Dios y su anuncio a todos los pueblos tiene su centro y culmen en el sacrificio redentor de Cristo (cf. *Presbyterorum ordinis,* 5) *(Carta en el primer aniversario del XLV Congreso Eucarístico Internacional, 5-6-1994).*

31 AGOSTO
Santos Ramón Nonato, José de Arimatea y Nicodemo, Dominguito del Val

El culto que se da a la **Eucaristía** fuera de la misa es de un valor inestimable en la vida de la Iglesia. Dicho culto está estrechamente unido a la celebración del Sacrificio eucarístico. La presencia de Cristo bajo las sagradas especies que se conservan después de la Misa –presencia que dura mientras subsistan las especies del pan y del vino–, deriva de la celebración del Sacrificio y tiende a la comunión sacramental y espiritual (*Ecclesia de Eucharistia*, 17-04-2003, n. 25).

SEPTIEMBRE

1 SEPTIEMBRE
Santos Josué, Gil, Sixto, Vicente

Orar con María y como María significa pedir de modo excelente vocaciones al Espíritu Santo. El **Ángelus** es muy apropiado como oración por las vocaciones *(Alocución a las Obras Misionales Pontificias, 3-5-1985).*

2 SEPTIEMBRE
Santos Antonino, Zenón, Teódota. Beata Ingrid

El amor es más importante que el sufrimiento: el amor da sentido y hace aceptable el sufrimiento. Puede haber amor sin **sufrimiento**. Pero el sufrimiento sin el amor no tiene significado; con el amor —aceptado como lo aceptó Cristo, como lo aceptan los santos—, el sufrimiento adquiere un valor inestimable *(Discurso a los enfermos en Turín, 4-9-1988).*

3 SEPTIEMBRE
Santos Gregorio Magno, Basilisa, Sandalio

El momento en que el hombre hace morir a Dios en su mente y en su corazón, debe tener en cuenta que se ha condenado a sí mismo a una **muerte irreversible,** que ha aceptado el programa de la muerte del hombre *(Homilía en el cementerio de Campo Verano, Roma, 1-11-1979).*

4 SEPTIEMBRE
Santos Moisés, Marcelo, Cándida, Rosalía, Ntra. Sra. de la Consolación

El pecado es obra de la libertad del hombre; mas dentro de su mismo peso humano obran factores por razón de los cuales el pecado se sitúa más allá de lo humano, en aquella zona límite donde la conciencia, la voluntad y la sensibilidad del hombre están en contacto con las oscuras fuerzas que, según San Pablo, obran en el mundo hasta enseñorearse de él *(Reconciliatio et paenitentia, 2-12-1984, n. 14a).*

5 SEPTIEMBRE
Santos Bertín, Urbano, Pedro Nguyen. Beata Teresa de Calcuta

Tenemos que respetar, amar y ayudar a todo **ser humano** porque se trata de una criatura de Dios y, en cierto sentido, es su imagen y representante, porque él es el camino que conduce a Dios y porque el ser humano no se realiza plenamente si no es conociendo a Dios, aceptándole con todo su corazón y obedeciéndole en el camino de la perfección *(Discurso a los jóvenes en Casablanca, Marruecos, 19-8-1985).*

6 SEPTIEMBRE
Ntra. Sra. de Guadalupe (España).
Santos Zacarías, Onesíforo, Bega

El sacramento de la **Confirmación** es algo así como una realización plena del bautismo, la etapa de maduración del camino hacia la entrada plena en el misterio de Cristo y hacia la aceptación responsable de la vocación en la Iglesia *(Homilía en Turín, Italia, 2-9-1988)*.

7 SEPTIEMBRE
Santos Regina, Madelberta, Clodoaldo

Una vida de **renuncia y de caridad** es signo de conversión al modo de pensar de Dios, a su modo de amar. Al humillarnos mediante la penitencia, nos abrimos a Dios. Al dar caritativamente, más allá de lo que exige la justicia, nos abrimos a nuestro prójimo *(Homilía en Miami, EE. UU., 19-9-1987)*.

8 SEPTIEMBRE
Natividad de María. Santos Fausto, Sergio.
Beato Federico Ozanam

Lo que distingue a la Virgen de Nazaret de todas las demás criaturas es la plenitud de gracia que hay en ella. **María** no sólo recibió *gracias*; en ella todo está dominado y dirigido por la *gracia*, desde el origen de su existencia. Ella ha recibido *una perfección admirable de santidad*. Es la criatura ideal, como Dios la había soñado *(Audiencia General, 7-12-1983)*.

9 SEPTIEMBRE
Santos Pedro Claver, María de la Cabeza

El cristiano está en el mundo, pero **no es del mundo** (cf. Jn 17, 16); su vida debe ser necesariamente diversa de la de los que no tienen fe. Su conducta, su estilo de vida, su modo de pensar, de elegir, de valorar las cosas y las situaciones, son distintas, porque se realizan a la luz de la palabra de Cristo, que es mensaje de vida eterna *(Homilía, 30-3-1979)*.

10 SEPTIEMBRE
Santos Nicolás de Tolentino, Pedro de Mezonzo. Beato Francisco Gárate

Nuestro corazón busca la **felicidad** y quiere experimentarla en un contexto de amor verdadero. El cristianismo sabe que la satisfacción auténtica de esta aspiración sólo se puede **encontrar en Dios** *(Homilía en el Congreso Eucarístico de Brasil, 9-7-1980)*.

11 SEPTIEMBRE
Santos Proto y Jacinto, Félix y Régula, Emiliano. Ntra. Sra. de Coromoto

La fe debe ser vivida con perseverancia; se debe profundizar en su conocimiento; se debe poner en práctica en las opciones personales y en la acción; la adhesión a la fe debe crear el deseo de compartirla con otros y de transformar el mundo de acuerdo con el Evangelio *(Discurso a los obispos de Australia, en Visita ad Limina, 13-10-1988).*

12 SEPTIEMBRE
Dulcísimo Nombre de María. Santos Guido, Albeo. Ntra. Sra. Fuensanta

Esta Madre lleva el nombre de **María**. La Iglesia la venera de modo particular. Le rinde un culto que supera el de los otros santos *(culto de hiperdulía).* La venera así porque ha sido elegida para ser la Madre del Hijo de Dios; porque a ese Hijo, que es el Verbo eterno, le ha dado en el tiempo "el cuerpo", le ha dado en un momento histórico "la humanidad" *(Audiencia General, 10-1-1979).*

13 SEPTIEMBRE
Santos Juan Crisóstomo, Julián, Marcelino

En Cristo y por Cristo, **Dios se ha revelado** plenamente a la humanidad y se ha acercado definitivamente a ella y, al mismo tiempo, en Cristo y por Cristo, el hombre ha conseguido plena conciencia de su dignidad, de su elevación, del valor trascendental de su humanidad, del sentido de su existencia *(Redemptor hominis, n. 11).*

14 SEPTIEMBRE
Exaltación de la Santa Cruz.
Santos Alberto, Notburga

Mirar al **Crucificado** nos impulsa a negarnos a nosotros mismos, a tomar **nuestra cruz** todos los días y a caminar en pos de él. De la muerte nace la vida: "Quien pierda su vida por mí, la salvará". Te adoramos, oh Cristo, y te bendecimos, porque con tu cruz has redimido al mundo" (cf. Liturgia de la fiesta de la exaltación de la Santa Cruz) *(Homilía en la parroquia de Santo Tomás, de Castelgandolfo, 15-9-1991)*.

15 SEPTIEMBRE
Ntra. Sra. de los Dolores. Santos Nicomedes, Valeriano, Alpino

Las palabras que Jesús pronuncia desde lo alto de la cruz significan que *la maternidad* de su Madre encuentra una "nueva" continuación en la Iglesia y a través de la Iglesia, simbolizada y representada por Juan... Según el eterno designio de la providencia, la **maternidad divina de María** debe derramarse **sobre la Iglesia,** como indican algunas afirmaciones de la tradición, para las cuales la "maternidad" de María respecto de la Iglesia es el reflejo y la prolongación de su maternidad respecto del Hijo de Dios (*Redemptoris Mater*, 25-03-1987, n. 24).

16 SEPTIEMBRE
Santos Cornelio y Cipriano, Juan Macías, Eufemia, Rogelio

¡Ánimo! **La santidad es posible**; es posible en cualquier situación, a pesar de los condicionamientos del mal. Sólo un gran florecimiento de santidad puede dar una respuesta adecuada a la crisis de nuestro tiempo. Por eso es necesario el ánimo, el ánimo que nos dan los santos *(Homilía en la parroquia romana de San José Moscati, 21-2-1993)*.

17 SEPTIEMBRE
Santos Roberto Belarmino, Pedro Arbués, Lamberto, Columba

El cristiano, por la luz de la fe, sabe que la "adoración" verdadera, perfectamente válida y digna de la santidad infinita de Dios y de su misma inteligencia personal, sólo es posible en el sacrificio de la misa. No se puede vivir sin adorar, y por tanto, **¡no se puede vivir sin la misa!** *(Homilía a las religiosas en Milán, 20-5-1983)*.

18 SEPTIEMBRE
Santos José de Cupertino, Ariadna, Sofía, Domingo Trach

Sólo Cristo lleva la humanidad a la plenitud de sus expectativas. Acogiendo a Cristo se satisfacen todas las **aspiraciones del corazón** humano *(Discurso a la Curia Romana, 22-12-1983)*.

19 SEPTIEMBRE
Santos Jenaro, Alonso de Orozco, Mariano, María de Cervelló

Sentíos plenamente responsables de la vida y misión de la Iglesia. Sed esa presencia nueva que vosotros mismos deseáis. **Sed santos** con su santidad para que ella sea santa con vuestra conversión y vuestro testimonio. Sed críticos, pero con ese amor y esa coherencia propia de los hijos que aman de verdad a su madre *(Discurso a los jóvenes en Bogotá, Colombia, 2-7-1985).*

20 SEPTIEMBRE
Santos Andrés Jim, Pablo Chong, Juan Carlos Cornay

Morimos corporalmente cuando todas las energías de nuestra vida se extinguen. **Morimos por el pecado** cuando el amor muere en nosotros. Fuera del Amor no hay vida *(Homilía en San Antonio, EE. UU., 13-9-1987).*

21 SEPTIEMBRE
Santos Mateo, Jonás, Cástor, Landelino, Maura

Lo que realmente importa en la vida es que **somos amados por Cristo** y que nosotros, en respuesta, le amamos. En comparación con el amor de Jesús, todo lo demás es secundario. Y sin el amor de Jesús, todo es vano *(Alocución en Filadelfia, EE. UU., 4-10-1979).*

22 SEPTIEMBRE
Santos Mauricio, Emérita. B. José Aparicio y 232 mártires de Valencia

Si queremos ser auténticos discípulos del que es la luz del mundo, debemos hacer que **nos reconozcan** como tales **por nuestras obras**. Jesús reafirma esta exigencia cuando dice: "Alumbre así vuestra luz a los hombres, para que vean vuestras buenas obras y den gloria a vuestro Padre que está en el cielo" (Mt 5, 16) *(Homilía en la parroquia romana de San Julio I, 4-2-1996).*

23 SEPTIEMBRE
Santos Pío de Pietrelcina, Zacarías e Isabel, Lino. BB. Cristóbal, Antonio y Juan

Quienquiera que seas tú, cualquiera que sea tu condición existencial, **Dios te ama**. Te ama totalmente. El hombre está llamado a la comunión con el Creador. El deseo insustituible de la verdad y de la felicidad nos lo recuerda continuamente. El hombre tiene necesidad de Dios *(Alocución, 6-6-1987).*

24 SEPTIEMBRE
Ntra. Sra. de la Merced.
Santos Gerardo Sagredo, Antonio González

Dirijámonos al amor misericordioso de Dios y al designio de salvación con que nos llama a Sí. Él quiere hacernos **partícipes de su vida divina** (cf. Ef 2, 18; 2P 1, 4), liberándonos de las tinieblas

del pecado y resucitándonos para la vida eterna
(cf. DV, 4) *(Audiencia general, 30-11-1983)*.

25 SEPTIEMBRE
Santos Cleofás, Fermín y T
ata y 4 hijos.

El sacramento del **matrimonio** consagra ante Dios y ante la Iglesia el mutuo amor exclusivo, fiel, y para toda la vida, del marido y de la mujer. Es voluntad de Dios que esta sagrada unión exista sólo entre dos personas. Cuando un hombre toma por esposa a una mujer, promete darle su amor a ella sola. Ella, a su vez, le promete lo mismo a él *(Homilía en Mwanza, Tanzania, 4-9-1990)*.

26 SEPTIEMBRE
Santos Cosme y Damián, Gedeón, Nilo, Lucía Kim

Desde el inicio sabía Jesús que **su sacrificio en la cruz** era el sentido definitivo de su misión y de su vida. Por ello rechazaba todo lo que habría podido ser o aparecer como la negación de esta finalidad salvífica *(Audiencia General, 5-10-1988)*.

27 SEPTIEMBRE
Santos Vicente de Paúl, Cayo, Adolfo y Juan

No debemos juzgar **la caridad** por las obras externas, sino juzgar todas nuestras acciones por la caridad. Sólo por la caridad tienen éstas valor sobrenatural. Sin la caridad, nuestras acciones pueden llegar incluso a sorprender y asombrar, pero carecen de valor sobrenatural *(Homilía en la parroquia romana de San Bernabé, 30-1-1982).*

28 SEPTIEMBRE
Santos Lorenzo Ruiz, Wenceslao. Simón de Rojas

Los que son llamados a sufrir con Cristo no sufren un castigo, sino que son invitados a participar en una tarea comprometedora y fecunda, pues su **sufrimiento,** si es aceptado y ofrecido con amor, se transforma en fuente de gracia, de paz y de gozo. Se convierte en el camino estrecho que conduce al paraíso. *(Discurso a los enfermos de Gaeta, Italia, 25-6-1989).*

29 SEPTIEMBRE
Santos Arcángeles Miguel, Gabriel y Rafael

Os pregunto personalmente a cada uno: ¿sois capaces de entregaros a vosotros mismos, de entregar vuestro tiempo, vuestras energías, vuestros talentos, por el bien de los demás? **¿Sois capaces de amar?** Si lo sois, la iglesia y la sociedad pueden albergar grandes esperanzas con respecto a cada uno de vosotros *(Meditación en la vigilia de la X Jornada Mundial de la Juventud en Filipinas, 14-1-1995).*

30 SEPTIEMBRE
Santos Jerónimo, Eusebia, Antonio, Honorio
La liturgia de la Eucaristía proclama verdaderamente el misterio de nuestra fe: que Jesús murió y resucitó de nuevo para que podamos **vivir para siempre,** y que sigue ofreciéndose a aquellos que creen, como alimento espiritual en nuestra peregrinación hacia la unión eterna con Él *(Discurso a la Asamblea de la Comisión para las Comunicaciones Sociales, 20-5-1987).*

OCTUBRE

1 OCTUBRE
Santos Teresa del Niño Jesús, Verísimo, Máxima y Julia, Román.
Beato Juan de Palafox

Vuestra vida de clausura, vivida en plena fidelidad, no os aleja de la Iglesia ni os impide un apostolado eficaz. Recordad a la hija de Teresa de Jesús, a **Teresa de Lisieux,** tan cercana desde su clausura a las misiones y misioneros del mundo. Que, como ella, *en el corazón de la Iglesia, seáis el amor (Discurso a las religiosas contemplativas en Ávila, 1-11-1982).*

2 OCTUBRE
Santos Ángeles Custodios, Saturio

La Iglesia *confiesa su fe en los **ángeles custodios**,* venerándolos en la liturgia con una fiesta especial, y recomendando el recurso a su protección con una oración frecuente, como en la invocación del Ángelus *(Audiencia General, 6-8-1986).*

3 OCTUBRE
Santos Francisco de Borja, Dionisio Areopagita, Gerardo

A decir verdad, el **bautismo** nos confiere un *signo indeleble* –llamado carácter– con el que quedamos marcados durante toda nuestra vida terrena y en la del más allá. Este signo está con nosotros cuando morimos y cuando nos encontramos en el juicio ante Dios *(Homilía en San Francisco, EE. UU., 18-9-1987).*

4 OCTUBRE
Santos Francisco de Asís, Áurea de París, Petronio, Quintín

No se puede reconocer la intervención del Creador en la naturaleza que nos rodea, sin detenerse a reflexionar acerca de la dignidad de la persona, única e irrepetible gracias a la caridad divina. **El hombre,** como afirma con razón san Ireneo, **es la gloria de Dios vivo** *(Discurso en Sorrento, Italia, 9-3-1992).*

5 OCTUBRE
Santos Mª Faustina Kowalska, Apolinar, Mauro y Plácido. Beato Bartolomé Longo

Al "milagro" de la gracia que es Pompeya cooperan las religiosas del **Santo Rosario,** a quienes (el Beato) **Bartolo Longo** quiso asociar a la familia religiosa de Santo Domingo, no sólo porque la Orden de los Frailes Predicadores ha difundido desde el principio la devoción del Santo Rosario, sino también porque entre sus características figura la de unir la vida contemplativa con la activa, encontrando siempre nuevo estímulo en la meditación de los misterios revelados en la vida de Cristo para la actividad caritativa al servicio del prójimo.

6 OCTUBRE
Santos Bruno, María Francisca, Román

El Rosario es un coloquio confidencial con María, una conversación llena de confianza y abandono. Es confiarle nuestras penas, manifestarle nuestras esperanzas, abrirle nuestro corazón. Declararnos a su disposición para todo lo que ella, en nombre de su Hijo, nos pida *(Discurso a los jóvenes, 25-4-1987)*.

7 OCTUBRE
Ntra. Sra. la Virgen del Rosario.
Santos Justina, Martín Cid, Marcelo

El Rosario es al mismo tiempo una oración *sencilla* y teológicamente *rica* en contenidos bíblicos; por ello, los cristianos la prefieren y la rezan con frecuencia y fervor, bien convencidos de su auténtica "índole evangélica" *(Audiencia General, 30-9-1981)*.

8 OCTUBRE
Santos Hugo, Pelagia, Evodio, Reparada

En el Rosario contemplamos los misterios de

Cristo a través de los ojos de María: ella nos los descubre, nos los hace gustar, nos los hace accesibles, "proporcionados" –podríamos decir– a nuestra pequeñez y fragilidad *(Alocución dominical, 3-10-1987).*

9 OCTUBRE
Santos Dionisio, Juan Leopardi, Luis Bertrán, Abrahán

Jesús se calificó a sí mismo como "luz del mundo", y esta propiedad suya queda muy patente en aquellos momentos de su vida, como la Transfiguración y la Resurrección, en que su gloria divina resplandece con claridad. En la **Eucaristía,** en cambio, la gloria divina está velada. Pero a través del misterio de su total ocultación, Cristo se hace misterio de luz, por el cual el creyente se ve introducido en las profundidades de la vida divina *(Carta Apost. "Quédate con nosotros", n. 11. 7-10-2004).*

10 OCTUBRE
Santos Tomás de Villanueva, Daniel Comboni, Casio y Florencio

El Concilio Vaticano II ha querido renovar la vida y la actividad de la Iglesia según las necesidades del mundo contemporáneo; ha subrayado su **"índole misionera",** basándose dinámicamente en la misma misión trinitaria. El impulso misionero pertenece, pues, a la naturaleza íntima de la vida cristiana *(Redemptoris missio, 7-12-1990, n. 1c).*

11 OCTUBRE
Santos María Soledad Torres, Felipe Diácono. Beato Juan XXIII

La paz requiere la justicia, una actitud que reconozca la dignidad y la igualdad de todos los hombres y mujeres, y un compromiso firme de procurar, asegurar y proteger los derechos humanos fundamentales de todos. **Donde no hay justicia no puede haber paz** *(Homilía en Singapur, 20-11-1986).*

12 OCTUBRE
Ntra. Sra. del Pilar. Santos Félix IV, Serafín, Maximiliano

Sí, **en María** tenemos el modelo de un **amor sin fronteras,** el vínculo de comunión de todos los que somos por la fe y el bautismo "discípulos" y "hermanos" de Jesús *(Homilía en el santuario de Guyapa, Honduras, 8-3-1983).*

13 OCTUBRE
Santos Teófilo, Fausto, Jenaro y Marcial, Venancio

El **catequista** debe ser también *maestro de humanidad,* o sea, ha de estar profundamente atento a la sensibilidad y a los problemas de las personas a las que dirige la catequesis; no ha de contentarse, pues, con dar una bella lección, si ésta no responde a los interrogantes y esperanzas de aquellos a los que va dirigida *(Discurso al Congreso de Catequistas Italianos, 25-4-1988).*

14 OCTUBRE
Santos Calixto I. Beata Maria Poussepin

Debemos afirmar con fuerza que también hoy es necesario el testimonio de la **vida consagrada,** para que el hombre no olvide nunca que su dimensión verdadera es la eterna. El hombre ha sido destinado a habitar en los "nuevos cielos y nueva tierra" (2P 3, 13), y proclamar que la felicidad definitiva se nos da sólo con el Amor infinito de Dios *(Mensaje para la XXIX Jornada Mundial de Oración por las Vocaciones, 1-11-1991).*

15 OCTUBRE
Santos Teresa de Jesús, Severo, Tecla

En esta hora magnífica y crucial de la historia, resuenan actuales y apremiantes los deseos de **Teresa de Jesús** al emprender su Reforma, con su exhortación a vivir la contemplación al servicio del reino de Dios: "Para eso os juntó aquí el Señor; éste es vuestro llamamiento; éstos han de ser vuestros negocios; éstos han de ser vuestros deseos" *(Camino de perfección, 1, 5 y 3, 5.10) (Carta a las Carmelitas Descalzas, 1-10-1991).*

16 OCTUBRE
Santos Eduvigis, Margarita Mª Alacoque, Longinos, Gerardo Mayela

Si en el **rezo del Rosario** se valoran adecuadamente todos los elementos para una meditación eficaz, se da una significativa oportunidad catequética que los pastores deben saber aprovechar. La Virgen del Rosario continúa también de este modo su ora de anunciar a Cristo. La historia del Rosario muestra cómo esta oración ha sido utilizada especialmente por los Dominicos, en un momento difícil para la Iglesia, a causa de la difusión de le herejía. Hoy estamos ante nuevos desafíos. ¿Por qué no volver a tomar en la mano las cuentas del rosario con la fe de quienes nos han precedido? El Rosario conserva toda su fuerza *(Carta "Rosarium Virginis Mariae", n. 17. 16 octubre 2002).*

17 OCTUBRE
Santos Ignacio de Antioquía, Oseas, Rufo y Zósimo

El **fruto del diálogo** es la unión entre las personas, y la unión de las personas con Dios, que es fuente y revelación de toda verdad y cuyo Espíritu guía a los hombres en la libertad sólo cuando éstos se encuentran unos con otros en plena honradez y amor *(Alocución en Madrás, India, 5-2-1986).*

18 OCTUBRE
Santos Lucas Evangelista, Amable, Asclepiades

Todos los evangelistas subrayan que la misión de los discípulos es colaboración con la de Cristo: "Sabed que yo estoy con vosotros todos los días hasta el fin del mundo" (Mt 28, 20). **La misión,** por consiguiente, no se basa en las capacidades humanas, sino en el poder del Resucitado *(Redemptoris missio, 7-12-1990, n. 23d).*

19 OCTUBRE
Santos Juan de Brébeuf e Isaac, Pablo de la Cruz, Pedro de Alcántara, Joel

El Evangelio ha de ser la norma de vida, garantía de un recto comportamiento ético personal y social; ha de ser exigencia de justicia y de misericordia, programa de reconciliación en la sociedad, estímulo hacia un nuevo orden en el que se promuevan los derechos de los hombres, hermanos nuestros *(Discurso a los obispos de Perú, en Visita ad Limina, 4-10-1984).*

20 OCTUBRE
Santos Cornelio Centurión, Vital, Adelina, Andrés Calibia

Dejar de transmitir a todos los hombres el **íntegro depósito de la fe** sería una infidelidad a la propia misión de la Iglesia. Sería no reconocer a los hombres un fundamental derecho suyo: el derecho a la verdad *(Homilía en Salvador de Bahía, Brasil, 7-7-1980).*

21 OCTUBRE
Santos Hilarión de Gaza, Viator, Celina, Severino

¡*Dios está con nosotros!* ¡**Dios está con el hombre!** Con la humanidad. La prueba *única* y completa de esto es y permanece siempre ésta: *no perdonó a su propio Hijo, antes lo entregó por todos nosotros* (Rm 8, 32) *(Homilía en la parroquia romana de San Basilio, 11-3-1979).*

22 OCTUBRE
Santas Nunilo y Alodía.
Beato Timoteo Giaccardo

Deseo recomendaros la participación en la **santa misa** de los días festivos. Comprometeos a no faltar nunca. El cristiano es el hombre de la santa misa, porque ha comprendido que Cristo renueva para él su sacrificio redentor *(Homilía en la parroquia romana del Santo Crucifijo, 14-3-1982).*

23 OCTUBRE
Santos Juan de Capistrano, Marcos, Valerio

La **conversión** trae consigo la *reconciliación.* La reconciliación es el *resultado de la conversión.* Es el don del Padre celestial dado mediante Cristo y en el Espíritu Santo a los que se convierten *(Discurso a los obispos de la V Región de EE. UU., en Visita ad Limina, 31-5-1988).*

24 OCTUBRE
Santos Antonio Mª Claret, Proclo

Nuestra época, con la humanidad en movimiento y búsqueda, exige *un nuevo impulso de la actividad misionera de la Iglesia.* Los horizontes y posibilidades de la misión se ensanchan, y nosotros los cristianos estamos llamados a la **valentía apostólica**, basada en la confianza en el Espíritu. *¡Él es el protagonista de la misión! (Redemptoris missio, 7-12-1990, n. 30a).*

25 OCTUBRE
Santos Crisanto y Daría, Frutos, Valentín y Engracia, Bernardo Calbó

La Iglesia es una comunidad en **perenne estado de misión**, es comunidad misionera, y sus miembros están unidos en un solo cuerpo para ser enviados a los pueblos (cf. AG, 36); esta comunidad tiene diversos cometidos, funciones y "carismas" (cf. 1Co 14, 4ss), pero todos sus miembros poseen la vocación misionera (cf. LG 35-36) *(Mensaje para la Jornada Mundial de las Misiones, 26-5-1985).*

26 OCTUBRE
Santos Albino, Fulco, Luciano y Marciano, Amando

La evangelización, es decir, la actividad misionera, corresponde a la vocación específica de la Iglesia, que, respetando siempre la libertad, va al encuentro de los hombres. *La Iglesia es la misión encarnada (Mensaje para el Domingo Mundial de las Misiones, 19-10-1980).*

27 OCTUBRE
Santos Evaristo, Gaudioso, Vicente, Sabina y Cristeta

En estas horas de grandes peligros, quisiera repetir con fuerza que **la guerra** no puede ser un medio adecuado para resolver completamente los problemas existentes entre las naciones. ¡No lo ha sido nunca y no lo será jamás! *(Llamamiento a favor de la paz, 17-1-1991).*

28 OCTUBRE
Santos Simón y Judas Tadeo Apóstoles, Fidel, Francisco Serrano, Rodrigo Aguilar

El **Espíritu** es el protagonista de la **misión** desde sus comienzos. Impulsa a ir cada vez más lejos no sólo en sentido geográfico, sino también más allá de las barreras étnicas y religiosas, para que la misión sea verdaderamente universal. "Con la fuerza del Evangelio, rejuvenece la Iglesia, la renueva incesantemente y la conduce a la unión consumada con su Esposo" (LG, 4) *(Discurso en la Universidad Urbaniana, 11-4-1991).*

29 OCTUBRE
Santos Narciso, Feliciano, Honorato, Joaquín Royo

*Demos gracias a Dios por **los santos**, que nos ayudan a no desalentarnos y a perseverar en la fe. En ellos actúa el Espíritu de la verdad, que procede del Padre. Por medio de ellos, cada uno de nosotros recibe el poder del Espíritu de la verdad, Espíritu Consolador, si tratamos de vivir con el Espíritu de la alianza sellada con Dios en el santo bautismo (Discurso en Zywiec, Polonia, 22-5-1995).*

30 OCTUBRE
Santos Marcelo, Claudio, Lupercio y Victorico, Germán, Gerardo

*La encarnación alcanza su eficacia redentora mediante **el Espíritu Santo.** Cristo, al marcharse de este mundo, no sólo deja su mensaje salvífico, sino que "da" el Espíritu Santo, al que está ligada la eficacia del mensaje y de la misma redención en toda su plenitud (Audiencia General, 26-4-1989).*

31 OCTUBRE
Santos Alonso Rodríguez, Jerónimo Hermosilla, Quintín.
Beata María de la Purísima

Los cristianos aman el mundo y tantas cosas buenas que hay en el mundo, porque ha salido de las manos de Dios; pero no ponen su esperanza final en este mundo. *Nuestra esperanza es Cristo Jesús*, el Verbo de Dios que se hizo hombre y que, después de morir, resucitó. ¡Nuestra esperanza no es vana y no quedará defraudada! *(Homilía en Concepción, Chile, 5-4-1987).*

NOVIEMBRE

1 NOVIEMBRE
TODOS LOS SANTOS

Los santos son los que han realizado el programa del sermón de la montaña y se han hecho pobres, humildes, misericordiosos, caritativos, pacientes, puros de corazón y constructores de paz por amor de su nombre. Nosotros debemos comportarnos así si queremos seguir su destino de bienaventuranza sin fin *(Alocución dominical, 1-11-1991)*.

2 NOVIEMBRE
TODOS LOS FIELES DIFUNTOS

La muerte puede y debe ser *vencida desde la vida*. La perspectiva última, la esperanza para el cristiano que vive en gracia de Dios no es la muerte, sino la *vida*. Y la *vida eterna*, como dice la Escritura, es una participación plena e indefectible en la *vida misma infinita de Dios, más allá de los límites de la vida presente y de la muerte (Audiencia general, 2-11-1988)*.

3 NOVIEMBRE
Santos Martín de Porres, Pedro Almató, Germán, Silvia. B. Manuel Lozano (Lolo)

Los santos están en la historia para ser puntos constantes de referencia en el conjunto del devenir del hombre y del mundo. Lo que se manifiesta en ellos es verdadero, indestructible. Es testimonio de eternidad *(Homilía en la canonización de Maximiliano María Kolbe, 11-10-1982)*.

4 NOVIEMBRE
Santos Carlos Borromeo, Vital y Agrícola, Félix de Valois

Los santos son hombres que nos muestran la santidad de Dios, encarnada en el rostro humano. Son miembros del *Cuerpo glorificado* de Cristo y forman la *Iglesia de los bienaventurados*. Pero tamibén están en *comunión* con nosotros, en el vínculo de la *caridad*, que nunca desaparece. La caridad les hace solidarios con nosotros e intercesores nuestros *(Alocución dominical, 1-11-1988)*.

5 NOVIEMBRE
Santos Ángela de la Cruz, Bertila, Domingo Mâu. Beata María Rafols

¡Te doy gracias, mujer, por el hecho mismo de **ser mujer**! Con la intuición propia de tu femineidad, enriqueces la comprensión del mundo y contribuyes a la plena verdad de las relaciones humanas *(Carta a las mujeres, 29-6-1995, n. 2)*.

6 NOVIEMBRE
Santos Severo, Leonardo, Melanio.
Beatos Mártires del siglo XX en España

Si "el desarrollo es el nuevo nombre de **la paz**", la **guerra** y los preparativos militares son el mayor enemigo del desarrollo integral de los pueblos *(Sollicitudo rei socialis, 30-12-1987, 10c)*.

7 NOVIEMBRE
Santos Lázaro, Jerón, Florencio,
Jacinto Castañeda. Beato Francisco Palau

Es absolutamente indispensable –sobre todo para los fieles laicos comprometidos de diversos modos en el campo social y político– un conocimiento más exacto de la ***doctrina social de la Iglesia,*** *como repetidamente los padres sinodales han solicitado en sus intervenciones (Christifideles laici, 30-12-1988, 60d)*.

8 NOVIEMBRE
Santos Godofredo, Adeodato.
Beatos Juan Duns Escoto, Isabel de la Trinidad

Ante este grave problema de la humanidad de hoy, **la ecología**, lanzo una llamada a todos los responsables de nuestro planeta para proteger y conservar la naturaleza creada por Dios: no permitamos que nuestro mundo sea una tierra cada vez más degradada y degradante; empeñémonos todos en conservarla y perfeccionarla para gloria de Dios y bien del hombre *(Discurso en Puente Arenas, Chile, 4-4-1987).*

9 NOVIEMBRE
Dedicación de la Basílica de Letrán.
Santos Jorge, Ursino

La familia, fundada y vivificada por el amor, es una comunidad de personas: del hombre y de la mujer esposos, de los padres y de los hijos, de los parientes. Su primer cometido es el de vivir fielmente la realidad de la comunión con el empeño constante de desarrollar una auténtica comunidad de personas *(Familiaris consortio, 22-11-1981, 18a).*

10 NOVIEMBRE
Santos León Magno, Orestes, Andrés Avelino

La vida interior sigue siendo el alma de todo apostolado. Es el espíritu de oración el que guía hacia la donación de sí mismo; de ahí que sería un grave error oponer oración y apostolado *(Discurso a las religiosas en Madrid, 8-11-1982).*

11 NOVIEMBRE
Santos Martín de Tours, Teodoro Estudita, Marina de Omura

El origen y el fundamento del deber de respetar

absolutamente la vida humana están en la dignidad propia de la persona. **La vida humana,** por ser un bien fundamental del hombre, adquiere un significado moral en relación con el bien de la persona que siempre debe ser afirmada por sí misma: mientras siempre es moralmente ilícito matar un ser humano inocente, puede ser lícito, loable e incluso obligado dar la propia vida por amor del prójimo o para dar testimonio de la verdad *(Encíclica "Veritatis splendor", n. 50 a, 1993).*

12 NOVIEMBRE
Santos Josafat, Millán de la Cogolla, Nilo, Margarito Flores

La misión de la Iglesia está ordenada a todo el hombre, a su **salvación temporal y eterna.** Dicha misión se realiza en la preocupación integral por la salvación del hombre en el terreno religioso, espiritual-personal y material *(Discurso a los representantes de obras asistenciales y misioneras, Suiza, 15-6-1985).*

13 NOVIEMBRE
Santos Leandro, Estanislao de Kostka, Diego de Alcalá

El hombre tiene íntimamente necesidad de encontrarse con la **misericordia de Dios**, hoy más que nunca, para sentirse radicalmente comprendido en la debilidad de su naturaleza herida; y sobre todo para hacer la experiencia espiritual de ese Amor que acoge, vivifica y resucita a la vida nueva *(Discurso a la Familia del Amor Misericordioso, 2-2-1981).*

14 NOVIEMBRE
Santos Rufo, Lorenzo O'Toole, Serapio

La Iglesia ha aprendido y aprende de la parábola del **Buen Samaritano** y de otras páginas del Evangelio (cf. Mc 6, 35-44) que su misión evangelizadora tiene como parte indispensable el compromiso por la justicia y la tarea de la promoción del hombre *(Discurso al Colegio jurídico de la Universidad Lateranense, 10-3-1984).*

15 NOVIEMBRE
Santos Alberto Magno, Marino y Aniano, Leopoldo, José Pignatelli

El hombre que vive ***según la carne*** es el hombre dispuesto solamente a lo que viene "del mundo": es el hombre de los "sentidos", el hombre de la triple concupiscencia *(Audiencia General, 17-12-1980).*

16 NOVIEMBRE
Santos Margarita de Escocia, Gertrudis, Roque y Alfonso

En la **virginidad**, el hombre está a la espera, incluso corporalmente, de las bodas escatológicas de Cristo con la Iglesia, dándose totalmente a la Iglesia con la esperanza de que Cristo se dé a ésta en la plena verdad de la vida eterna. La persona virgen anticipa así en su carne el mundo nuevo de la resurrección futura *(Exhortación apostólica Familiaris consortio, 22-11-1981, n. 16c).*

17 NOVIEMBRE
Santos Isabel de Hungría, Acisclo, Aniano, Hugo, Filipina Duchense

Sólo la cruz de Cristo proyecta un rayo de luz sobre este misterio; sólo en la **cruz** puede encontrar el hombre una respuesta válida a la angustiosa interpelación que surge de la **experiencia del dolor** *(Mensaje en la Jornada Mundial de las Misiones, 10-6-1984).*

18 NOVIEMBRE
Dedicación de las Basílicas de S. Pedro y S. Pablo. San Román

El problema de las **vocaciones** es –lo diré abiertamente– *el problema fundamental de la Iglesia.* Es una comprobación de su vitalidad espiritual y es la condición misma de esta vitalidad. Es la condición de su misión y de su desarrollo *(Homilía en el Congreso Internacional sobre las Vocaciones, 10-5-1981).*

19 NOVIEMBRE
Santos Abdías, Matilde, Rafael Kalinowski, Inés de Asís

Hecho a imagen y semejanza de Dios en el mundo visible y puesto en él para que dominase la tierra, **el hombre** está por ello, desde el principio, *llamado al trabajo. El trabajo es una de las características que distinguen* al hombre del resto de las criaturas *(Encíclica Laborem exercens, 14-9-1981, n. 1).*

20 NOVIEMBRE
Santos Crispín, Edmundo, Francisco J. Cân

La Iglesia, como buena madre, os lleva en su corazón; contempla en vosotros el dulce rostro de **Cristo doliente.** Reza constantemente por vosotros, para que el lecho del dolor en que os encontráis se transforme en altar donde os ofrecéis a Dios, para su gloria y para la salvación del mundo entero *(Discurso a los enfermos en Córdoba, Argentina, 8-4-1987).*

21 NOVIEMBRE
Presentación de la Virgen María.
Santos Gelasio I, Mauro, Rufo

Sed fieles a los ejercicios de piedad mariana tradicionales en la Iglesia: la oración del Ángelus, el mes de María y, de modo especial, el **Rosario** *(Homilía en el santuario de Ntra. Sra. Aparecida de Brasil, 4-7-1980).*

22 NOVIEMBRE
Santos Cecilia, Filemón, Benigno

El Rosario, precisamente a partir de la experiencia de María, es una *oración marcadamente contemplativa.* Sin esta dimensión, se desnaturalizaría... Por su naturaleza el rezo del Rosario exige un ritmo tranquilo y un reflexivo remanso, que favorezca en quien ora la meditación de los misterios de la vida del Señor, vistos a través del corazón de Aquella que estuvo más cerca del Señor, y que desvelen su insondable riqueza (*Rosarium Virginis Mariae,* 16-10-2002, n. 12).

23 NOVIEMBRE
Santos Clemente I, Columbano, Lucrecia. Beato Miguel A. Pro

La santidad es, ante todo, *un don,* que nos hace partícipes de la vida misma de Dios, por medio de Cristo, en la comunión del Espíritu. Pero la santidad cristiana, además de don, es, para los discípulos de Cristo, *una tarea* que realizar en la vida de cada día, *una vocación* a a que dar una respuesta concreta *(Homilía en la parroquia romana de Santa Silvia, 18-2-1990).*

24 NOVIEMBRE
Santos Andrés Dung-Lac, Crisógono, Flora y María, Mateo Alorso

Como miembros de la *Comunión de los Santos,*

nuestra oración abarca también a las almas de cuantos están en el **Purgatorio** y que, en la misericordia de Dios, podrán, después de la muerte, alcanzar la purificación que necesitan para entrar en la felicidad del cielo *(Homilía en Miami, EE. UU., 10-9-1987).*

25 NOVIEMBRE
Santos Catalina, Moisés, Pedro y Águeda Yi

El Evangelio no agrada siempre a los hombres. No puede gustarles siempre. Porque no puede ser falsificado con vanas lisonjas, ni se puede buscar en él ninguna ventaja personal, ni tipo alguno de fama o celebridad. *En lo más íntimo del corazón del Evangelio*, de la Buena Noticia, está siempre **la cruz** *(Homilía a los laicos en Fulda, Alemania, 18-11-1980).*

26 NOVIEMBRE
Santos Juan Berchmans, Delfina, Conrado. Beato Santiago Alberione

Como la Iglesia es signo de unión entre los hombres y Dios (cf. LG, 1), y de los hombres entre sí, el **sacerdote** –que recibe su misión de la misma Iglesia– es un hombre llamado a ser *artífice de comunión* (cf. PO, 3,8-9,15) *(Discurso a los sacerdotes en México, 12-5-1990).*

27 NOVIEMBRE
Ntra. Sra. de la Medalla Milagrosa.
Santos Facundo y Primitivo

*En el cristianismo, **el tiempo** tiene una importancia fundamental.* Dentro de su dimensión se crea el mundo, en su interior se desarrolla la historia de la salvación, que tiene su culmen en la "plenitud de los tiempos" de la encarnación y su término en el retorno glorioso del Hijo de Dios al final de los tiempos. *En Jesucristo, Verbo encarnado, el tiempo llega a ser una dimensión de Dios*, que en sí mismo es eterno. Con la venida de Cristo se inician los "últimos tiempos", la "última hora", se inicia el tiempo de la Iglesia (*Tertio millennio adveniente*, 10-11-1994, n. 10).

28 NOVIEMBRE
Santos Catalina Labouré, Esteban, Andrés Trân

La Eucaristía es el supremo bien espiritual de la Iglesia, porque contiene a Cristo mismo, nuestra Pascua y Pan vivo, que con su Carne da la vida al mundo (cf. PO, 5) *(Discurso a los obispos de Argentina, en Visita ad Limina, 1-12-1984)*.

29 NOVIEMBRE
Santos Saturnino, Iluminada, Francisco A. Fasani.
Beato Bernardo F. de Hoyos

El hombre-persona es en la Iglesia morada de

Dios-Trinidad. Y toda la **Iglesia**, compuesta de personas habitadas por la Trinidad, es en su conjunto la morada, el templo de la Trinidad *(Audiencia General, 9-10-1991)*.

30 NOVIEMBRE
Santos Andrés Apóstol, Cutberto, Tadeo Liu
Cuando decimos: "Tú eres el Hijo de Dios vivo", reconocemos en **Jesús** no sólo a Aquel que **da sentido a la historia,** sino también a Aquel que **la supera** esencialmente, porque su ser más profundo es irreductible a ella *(Homilía, 29-6-193)*.

DICIEMBRE

1 DICIEMBRE
Santos Nahún, Florencia, Eligio, Edmundo. Beato Carlos de Foucauld

Para comprometerse a favor de los pobres, hace falta ante todo amar al prójimo sin discriminación. ¿Queremos una **civilización del amor** que se dirija a toda la humanidad, o una civilización en la que cada uno se encierre en sí mismo, donde el amor esté ausente y que lleve inexorablemente a un mundo que *no sabe a dónde va?* (*Discurso a la Asamblea plenaria del Consejo Pontificio Cor Unum, 27-10-1995*).

2 DICIEMBRE
Santos Habacuc, Bibiana, S ilverio

¡Qué urgente es que la humanidad de nuestro tiempo se dé cuenta de que sólo de la muerte y resurrección del Señor puede brotar la **alegría verdadera,** que ella va ansiosa e inútilmente buscando en otra parte! (*Homilía en Pordenone, Italia, 1-5-1992*).

3 DICIEMBRE
Santos Francisco Javier, Sofonías, Lucio, Casiano

Id, pues, también vosotros **a los hombres** y mujeres de nuestro tiempo. ¡No esperéis a que vengan a vosotros! ¡Intentad vosotros mismos alcanzarlos! El amor de Cristo nos impulsa a esto. **El amor debe buscar** *(Alocución a los sacerdotes y misioneros, 28-11-1982).*

4 DICIEMBRE
Santos Juan Damasceno, Bárbara, Juan Taumaturgo, Bernardo

Ser fiel en lo poco, en lo poco de todos los días, en lo ordinario, pero hecho con amor a Dios y con amor a los que nos rodean, tanto en el ambiente profesional como en el familiar y social, es una prenda que nos abre las puertas del cielo, cuando realizamos con **la mayor perfección posible los quehaceres diarios,** en unión con la Santísima Trinidad *(Homilía en Cubinda, Angola, 8-6-1992).*

5 DICIEMBRE
Santos Sabas, Juan Almond, Crispina

El domingo debe ofrecer a los fieles la ocasión de dedicarse a las actividades de misericordia, de caridad y de apostolado. La participación interior en la alegría de Cristo resucitado implica compartir plenamente el amor que late en su corazón: ¡no hay alegría sin amor! La Eucaristía dominical, pues, no sólo no aleja de los deberes de caridad, sino, al contrario, compromete más a los fieles "a toda clase de obras de caridad, piedad y apostolado" (*Dies Domini*, 31-5-1998, n. 69).

6 DICIEMBRE
Santos Nicolás, Pedro Pascual

Queridos **ancianos:** Os saludo a vosotros, que testimoniáis el hecho de que *el valor de la vida consiste en lo que sois y no en lo que poseéis o en lo que sois capaces de hacer (Discurso a los ancianos en Vancouver, Canadá, 18-8-1984).*

7 DICIEMBRE
Santos Ambrosio, Sabino, Urbano, Fara

El auténtico **arte cristiano** es aquel que, a través de la percepción sensible, permite intuir que el Señor está presente en su Iglesia, que los acontecimientos de la historia de la salvación dan sentido y orientación a nuestra vida, que la gloria que se nos ha prometido transforma ya nuestra existencia *(Carta apostólica Duodecimum saeculum, 4-12-1987).*

8 DICIEMBRE
INMACULADA CONCEPCIÓN DE MARÍA.
Santa Narcisa de Jesús

La pureza de María, que desde el primer instante de su **concepción**, en previsión de los méritos de Cristo, fue preservada de toda sombra de pecado, hace resaltar el esplendor y la plenitud de humanidad a que Dios ha destinado al hombre en el proyecto originario de la creación *(Discurso a la Academia Pontificia de la Inmaculada, 25-3-1994).*

9 DICIEMBRE
Santos Juan Diego, Leocadia, Siro, Pedro Fourier

La oración debe ir antes que todo. Quien no lo entienda así, quien no lo practique, no puede excusarse en la falta de tiempo: lo que le falta es amor *(Homilía en Viedma, Argentina, 7-4-1987).*

10 DICIEMBRE
Ntra. Sra. de Loreto. Santos Eulalia de Mérida, Mauro, Gregorio III

Contra la desmedida avidez y la carrera hacia el lucro particular, se afirme universalmente *la cultura de la **solidaridad**,* a fin de que el mundo se haga más justo y más humano *(Discurso a los universitarios en Bolonia, Italia, 7-6-1988).*

11 DICIEMBRE
Santos Dámaso, Maravillas de Jesús, Daniel, Sabino

El trabajo no es un medio para conseguir el triunfo personal; es –tiene que ser– una posibilidad de ayudar a los demás. El verdadero bien que habéis de buscar siempre en el trabajo es el bien para los demás, el servicio al prójimo *(Homilía en Cochabamba, Bolivia, 11-5-1988).*

12 DICIEMBRE
Ntra. Sra. de Guadalupe (América).
Santos Israel, Simón Phan

Santa María de Guadalupe: te ofrecemos y confiamos todos aquellos y todo aquello que es objeto de nuestra responsabilidad pastoral, confiando que tú estarás con nosotros y nos ayudarás a realizar lo que tu Hijo nos ha mandado. Te traemos esta confianza ilimitada, y con ella, yo, Juan Pablo II, con todos mis hermanos en el episcopado de México y de América Latina, queremos vincularte de modo todavía más fuerte a la Iglesia y a la vida de nuestras naciones. Deseamos poner en tus manos nuestro entero porvenir, el porvenir de la evangelización de América Latina *(Oración ante la Virgen de Guacalupe, 27 enero 1979).*

13 DICIEMBRE
Santos Lucía, Otilia, Autberto

La vida humana es "sagrada": ¡Sólo Dios es Señor de ella! Toda brecha que se abre en el frente del pleno respeto a la vida es una mina colocada en los cimientos de la convivencia humana, de la sana democracia y de la paz verdadera *(Alocución dominical, 26-3-1995)*.

14 DICIEMBRE
Santos Juan de la Cruz, Venancio Fortunato, Jerón, Pompeyo

¡Ojalá las **noches oscuras** que se ciernen sobre las conciencias individuales y sobre las colectividades de nuestro tiempo, sean vividas en fe pura; en esperanza "que tanto alcanza cuanto espera"; en amor llameante de la fuerza del Espíritu, para que se conviertan en jornadas luminosas para nuestra humanidad dolorida, en victoria del Resucitado que libera con el poder de su cruz! *(Homilía en el sepulcro de San Juan de la Cruz, Segovia, 4-11-1982)*.

15 DICIEMBRE
Santos Valeriano, Maximino, María Crucificada de Rosa

De ningún modo se justifica el crimen como camino de liberación. **La violencia** engendra inexorablemente nuevas formas de opresión y de esclavitud, de ordinario más graves que aquellas de las que se pretende liberar *(Discurso en Ayacucho, Perú, 3-2-1985)*.

16 DICIEMBRE
Santos Ageo, José Mañanet, Everardo, Adelaida

La aportación de los **fieles laicos a la vida eclesial** es irrenunciable: es, efectivamente, insustituible el papel que tienen en el anuncio y el servicio al Evangelio de la esperanza, ya que "por medio de ellos, la Iglesia de Cristo se hace presente en los más variados sectores del mundo, como signo y fuente de esperanza y amor". Participando plenamente de la misión de la Iglesia en el mundo, están llamados a dar testimonio de que la fe cristiana es la única respuesta completa a los interrogantes que la vida plantea a todo hombre y sociedad *(Ecclesia in Europa, 28-06-2003, n. 41)*.

17 DICIEMBRE
Santos Juan de Mata, Modesto

El que **cree y espera en Dios** sabe transformar los mismos sufrimientos en causa de alegría, y sabe cómo y por qué en su intimidad puede darse dicha transformación *(Homilía, 1-11-1983)*.

18 DICIEMBRE
Nuestra Señora de la O, Esperanza, Macarena. Santos Malaquías, Pedro Nguyen

La pregunta de Pilato: "¿Qué es la verdad?",

emerge hoy también desde la triste perplejidad de un hombre que a menudo ya no sabe quién es, de dónde viene ni adónde va. Y así asistimos, no pocas veces, al pavoroso precipitarse de la persona humana en situaciones de **autodestrucción progresiva** *(Discurso al Congreso Internacional sobre Teología Moral, 10-4-1986).*

19 DICIEMBRE
Santos Anastasio I, Urbano, Gregorio

En la plegaria se desarrolla ese diálogo con Cristo que nos convierte en sus íntimos: "Permaneced en mí, como yo en vosotros" (Jn 15, 4). Esta reciprocidad es el fundamento mismo, el alma de la vida cristiana y una condición para toda vida pastoral auténtica. Realizada en nosotros por el Espíritu Santo, nos abre, por Cristo y en Cristo, a la contemplación del rostro del Padre. Aprender esta lógica trinitaria de la **oración cristiana**, viviéndola plenamente ante todo en la liturgia, cumbre y fuente de la vida eclesial, pero también de la experiencia personal, es el secreto de un cristianismo realmente vital *(Novo millennio ineunte,* 6-1-2001, n. 32).

20 DICIEMBRE
Santos Domingo de Silos, Ceferino, Ursicino

Para nosotros, cristianos, **cada día** puede y debe ser **Adviento; puede y debe ser Navidad.** Porque cuanto más purifiquemos nuestras almas, cuanto más espacio demos al amor de Dios en nuestro corazón, tanto más podrá *venir* y *nacer* en nosotros Cristo *(Audiencia General, 22-12-1982)*.

21 DICIEMBRE
Santos Pedro Canisio, Miqueas, Temístocles
*Nuestro pueblo ha de tomar conciencia de su dependencia de la **gracia de Cristo** y de la gran necesidad de abrirse cada vez más a su acción. Jesús mismo quiere que todos nosotros estemos convencidos de sus palabras. "Sin mí no podéis hacer nada" (Jn 15, 5) (Discurso a la Conferencia Episcopal de EE. UU., 16-9-1987)*.

22 DICIEMBRE
Santos Queremón, Isquirión, Francisca Javiera Cabrini
No hay conflicto entre **cultura y mensaje cristiano** y, sobre todo, estáis convencidos de que la fe en Cristo, con cuanto Él ha anunciado al mundo, es cimiento sólido, semilla fecunda y luz esclarecedora de los múltiples valores culturales que estudiáis, custodiáis y transmitís *(Discurso al mundo de la cultura en el Jubileo, 15-12-1983)*.

23 DICIEMBRE
Santos Juan de Kety, Ivón, Juan Stone, María Margarita
No podemos vivir sin esperanza. Hay que tener

una finalidad en la vida, un sentido para nuestra existencia. Tenemos que aspirar a algo. **Sin esperanza, comenzamos a morir** *(Discurso a los jóvenes en Los Ángeles, EE. UU., 15-4-1984).*

24 DICIEMBRE
Santos Antepasados de Jesús, Delfín, Tarsila

Jesús es la segunda persona de la Santísima Trinidad, el cual asumió en Sí la naturaleza humana; es éste un acontecimiento tan maravilloso y único que revoluciona la historia humana. **¡Dios se ha hecho como nosotros!** *(Alocución 22-12-1979).*

25 DICIEMBRE
NATIVIDAD DEL SEÑOR

La Natividad del Señor llena nuestros corazones de alegría porque Dios, Palabra eterna, naciendo como hombre ha acogido al hombre de manera particular. El nacimiento del Señor es acogida del hombre en toda su verdad, en toda su gran dignidad de imagen y semejanza divina, y también en su herencia de pecado: éste es el significado de la Noche de Navidad. *(Alocución a católicos de Polonia, 24 diciembre 1982).*

26 DICIEMBRE
Santos Esteban, Dionisio, Zenón, Zoísmo

En la única persona divina de Jesús, la divinidad y la humanidad están unidas del modo más completo. El que es perfectamente Dios es perfectamente hombre. Ha realizado en Sí esta **unión de la divinidad y la humanidad** para poder hacer partícipe de ella a todos los hombres *(Audiencia General, 15-9-1982).*

27 DICIEMBRE
Santos Juan Evangelista, Fabiola, Teodoro

Jesús Niño, que **nace en la pobreza** y en la humildad de la cueva de Belén, nos hace comprender que no tiene tanta importancia el hecho de realizar cosas grandes o pequeñas, sino que lo que importa es el amor. Sabed transformar vuestra actividad, que en ocasiones puede parecer monótona, humilde y repetitiva, en manantial de luz sobrenatural *(Alocución a los religiosos, 24-12-1990).*

28 DICIEMBRE
Santos Inocentes, Antonio, Gaspar de Búfalo

Ante los males que amenazan la vida en nuestros días (aborto, guerra nuclear...), se debe proclamar en la práctica *la **sacralidad de la vida humana**,* como un don precioso del amor del Creador, un don que debe ser aceptado, respetado y protegido *(Discurso a los jóvenes en Vancouver, Canadá, 18-9-1934).*

29 DICIEMBRE
Santos Tomás Becket, David Rey, Martiniano, Marcelo

Sólo Jesús es el camino hacia el Padre; sólo

Jesús nos hace conocer el "misterio trascendente" de la Santísima Trinidad y el "misterio inmanente" de la Providencia de Dios, que está presente en la historia de los hombres con el proyecto de salvación, que nos trae su amor, su misericordia y su perdón *(Homilía en la parroquia romana de María Auxiliadora, 20-5-1984)*.

30 DICIEMBRE
Sagrada Familia. Santos Félix, Hermes, Rainiero, Rogelio

La Sagrada Familia, ejemplo y modelo de toda familia cristiana, manifiesta los ideales que, según el eterno designio de Dios, toda familia debe buscar para ser digna del nombre con el cual ha sido designada por la tradición cristiana: iglesia doméstica *(Discurso en La Paz, Bolivia, 10-5-1988)*.

31 DICIEMBRE
Santos Silvestre, Columba, Melania, Juan F. Regis

Sabemos que Jesús es hombre como nosotros, pero al mismo tiempo es el Verbo Encarnado, es la segunda persona de la Santísima Trinidad hecha hombre; por ello, en Jesús la naturaleza humana ha sido redimida, salvada, ennolecida hasta el punto de llegar a ser partícipe de la vida divina mediante la gracia *(Discurso a los jóvenes, 27-12-1978)*.

BIBLIOGRAFÍA
JUAN PABLO II EN EDIBESA

- **ENCÍCLICAS DEL BEATO JUAN PABLO II** (8ª ed.). Las 14 encíclicas, con índices. 1.875 págs. 42,50 €.
- **DICCIONARIO DE TEOLOGÍA Y ESPIRITUALIDAD DE JUAN PABLO II.** 5.000 textos, 1.268 págs. 32 €.
- **DICCIONARIO SOCIAL Y MORAL DE JUAN PABLO II.** 2.210 textos, 734 págs. 23,50 €.
- **EXHORTACIONES APOSTÓLICAS DEL BEATO JUAN PABLO II** 1.290 págs. 33 €.
- **DICCIONARIO DE VALORES.** Juan Pablo II a los jóvenes. 524 págs. 9,80 €.
- **BENEDICTO XVI HABLA DE JUAN PABLO II.** 112 págs. color, 13,75 €.
- **GRACIAS. MEDITAR CON M. TERESA Y JUAN PABLO.** 78 págs. 6,75 €.
- **EL BEATO JUAN PABLO II.** Habla la historia, el pueblo de Dios y Benedicto XVI. 364 págs. 11,20 €.

- *CD/CASETES*
- **JUAN PABLO II A LOS CRISTIANOS.** 2 CD con los mensajes del Papa en español: familia, jóvenes, consagrados, sacerdotes... 11,75 €.

- **EL ROSARIO CON EL PAPA/20.** Juan Pablo II explica y reza en español los 20 Misterios del Rosario. 2 CD: 16 €. 2 casetes: 9 €.
- **EL ROSARIO DEL PAPA.** Explicación papal y rezo en español de los 15 misterios. Vía crucis bíblico. 2 CD: 17,50 €. 2 casetes: 6 €.

- *DVD/PELÍCULAS*
- **JUAN PABLO II, EL AMIGO DE TODA LA HUMANIDAD.** 12 €.
- **KAROL I.** Film de Karol Wojtyla, cristiano y obispo. 19 €.
- **KAROL II.** Film de Juan Pablo II, Papa. 19 €.
- **JUAN PABLO II EN ESPAÑA Y EN EL MUNDO.** 19 €.